Эта книга принадлежит

Контакты владельца

Эту книгу хорошо дополняют:

Беседы о счастье
Аркадий Панц

Гормоны счастья
Лоретта Грациано Бройнинг

Никогда-нибудь
Елена Резанова

Философия хорошей жизни
Рольф Добелли

Магическая формула
Хэл Элрод

Scott Galloway

The Algebra of Happiness:

Notes on the Pursuit of Success, Love, and Meaning

PORTFOLIO / PENGUIN

Скотт Гэллоуэй

Алгебра счастья

Заметки об успехе, любви и смысле жизни

Перевод с английского Натальи Яцюк

Москва
«Манн, Иванов и Фербер»
2020

УДК 159.923
ББК 88.37
Г99

Издано с разрешения Levine Greenberg Rostan Literary Agency
и литературного агентства Synopsis Literary Agency

На русском языке публикуется впервые

Гэллоуэй, Скотт

Г99 Алгебра счастья. Заметки об успехе, любви и смысле жизни / Скотт Гэллоуэй ; пер. с англ. Н. Яцюк. — М. : Манн, Иванов и Фербер, 2020. — 208 с.

ISBN 978-5-00146-722-9

Известный предприниматель и инвестиционный банкир делится тем, что узнал об успехе, амбициях, карьере и деньгах на собственном опыте. Он дает советы о том как выбрать свой путь в жизни, как зарабатывать, сохранять и приумножать деньги. Особое внимание в книге уделяется развитию отношений с людьми, поскольку, по мнению автора, они представляют собой главную ценность и радость в нашей жизни.

Книга будет полезна молодым людям, которые только ищут свое место в жизни, а также всем, кто задает себе вопрос, что такое подлинный успех.

УДК 159.923
ББК 88.37

ISBN 978-5-00146-722-9

Оглавление

Введение

Успех

Любовь

Здоровье

Эпилог

Посвящается Джорджу
Гэллоуэю — моему отцу

ВВЕДЕНИЕ

АЛГЕБРА СЧАСТЬЯ

В 2002 году я стал преподавателем Школы бизнеса Стерна при Нью-Йоркском университете. Более пяти тысяч студентов прослушали мой курс «Стратегия бренда».

Мои студенты — потрясающие и очень разные люди, от морпехов из Джорджии до IT-консультантов из Дели. Они приходят ко мне на курс, чтобы изучить временну́ю стоимость денег, стратегию и поведение потребителей. Но во время занятий мы часто отвлекаемся от темы, чтобы обсудить жизненные стратегии, например: какую карьеру выбрать? Как добиться успеха? Как примирить амбиции с личностным ростом? Что можно сделать сейчас, чтобы потом, в сорок, пятьдесят, восемьдесят лет, не возникло никаких сожалений?

Все эти вопросы мы рассматриваем на самом популярном из моих занятий — заключительной трехчасовой лекции под названием «Алгебра счастья». На нем мы анализируем успех, любовь и другие важные вещи и определяем, что значит хорошо прожитая жизнь. В мае 2018 года выдержки из этой лекции были опубликованы на YouTube. За первые десять дней видео просмотрели более миллиона человек. В то время издатель уговаривал меня написать продолжение книги «Большая четверка. Секреты успеха Amazon, Apple, Facebook и Google». Когда я сообщил, что моя вторая книга будет о счастье, он, мягко говоря, расстроился.

Конечно, для того чтобы советовать людям, как им жить, у меня нет ни академической репутации, ни дипломов. Несколько моих бизнес-проектов провалились; к тридцати четырем годам я уже был в разводе; а не так давно самые успешные венчурные предприниматели связались с партнерами General Catalyst — моими спонсорами в компании L2, чтобы отговорить их от инвестирования в L2 по причине моей невменяемости — я не шучу. Тем не менее венчурный фонд General Catalyst вложил деньги в L2 и неплохо заработал.

В самом деле, понадобилось бы внимательно изучить мою биографию, чтобы разглядеть в ней модель построения счастливой жизни. Я рос в Калифорнии в 1970-х годах и был совершенно заурядным, тощим и неуклюжим ребенком. Я получал посредственные оценки и плохо справлялся с тестами. Мне отказали в приеме в Калифорнийский университет в Лос-Анджелесе, что было не так уж страшно. Отец заверил меня: «С теми знаниями, что тебе дала улица, колледж не нужен», притом что ничего особенного я не знал. Просто отец завел новую семью и не хотел платить за мое обучение. Однако он нашел мне работу по монтажу стеллажей с зарплатой от 15 до 18 долларов в час; мне казалось, что это большие деньги. И я купил красивую машину — что на тот момент было моей единственной целью.

В двенадцатом классе после занятий мы с ребятами отправлялись в мемориальный парк Вествуд Виллидж поесть мороженого. Мои друзья подворовывали в магазинах. Когда они начинали запихивать себе в штаны футболки с изображением рок-певца Питера Фрэмптона, я уходил домой — но не потому, что был порядочнее их, а потому, что мать не смогла бы забрать меня из полицейского участка после звонка офицера.

Однажды, возвращаясь из Вествуд Виллидж, я пересек Хилгард-авеню, где вдоль улицы выстроились девушки из женского студенческого клуба Калифорнийского университета. Была неделя встреч выпускников, и многие из них распевали песни, стоя перед своими домами. Эта картина напоминала работы художника Нормана Роквелла и вечерние фильмы на канале Cinemax. В ту минуту я решил, что мне нужно поступить в колледж, поэтому я отправился домой, чтобы написать еще одно письмо в приемную комиссию университета. Ее членам я сообщил правду: «Я истинный сын Калифорнии: меня воспитала одинокая мать, иммигрантка, работающая секретаршей. Так что, если вы меня не примете, я до конца жизни буду собирать стеллажи». Меня зачислили в колледж за девять дней до начала занятий. Мама сказала, что мне разрешается «делать что угодно», поскольку я первый в нашей семье, кто поступил в колледж.

Теперь мои возможности были безграничными, и я был настроен следующие пять лет курить марихуану, заниматься спортом и несколько десятков раз посмотреть фильм «Планета обезьян», прерываясь только на беспорядочные сексуальные контакты. Во всем, за исключением последнего, я преуспел.

На последнем курсе большинство моих друзей сосредоточились на учебе, оценках, магистратуре и получении работы. Поскольку ни одно доброе дело не остается безнаказанным, я отблагодарил налогоплательщиков штата

Калифорния за щедрость, а попечительский совет Калифорнийского университета за дальновидность средним баллом 2,27*. Мне требовался еще один год учебы, потому что я провалил несколько экзаменов и мне не хватало баллов для получения диплома. Но и это меня не пугало, ведь в моем распоряжении было еще достаточно марихуаны и научно-фантастических фильмов, тогда как реальность не могла предложить мне ничего особо увлекательного.

В последний год учебы моим соседом по комнате был весьма амбициозный парень, и я испытывал странное чувство соперничества с ним. Он был одержим идеей стать инвестиционным банкиром. Я не знал об этой профессии ничего, но раз Гари хотел этим заниматься, то и я захотел. Мне удалось успешно пройти собеседование и получить работу аналитика в Morgan Stanley, поскольку я солгал о своих оценках. Помогло то, что руководитель группы, как и я, в колледже занимался греблей, а его жизненный опыт подсказывал: всем гребцам суждено стать великими инвестиционными банкирами.

После ничем не примечательного периода работы в сфере инвестиционного банкинга я решил подать заявление о приеме в бизнес-школу, поскольку понятия не имел, чем мне заняться, а моя девушка и лучший друг как раз туда поступили. Штат Калифорния снова решил дать мне шанс, и меня приняли в Школу бизнеса имени Уолтера Хааса в Беркли.

---

* В американской системе образования общая успеваемость студента оценивается в баллах от 0 до 4, где 1 — неудовлетворительно, 2 — удовлетворительно, 3 — хорошо, 4 — отлично. Полученные баллы умножают на количество часов, затраченных на изучение каждого предмета, а их сумму делят на сумму часов, затраченных на изучение всех предметов. В итоге получается средний балл успеваемости. *Прим. ред.*

На втором курсе, вдохновленный лекциями профессора Дэвида Аакера (он преподавал стратегию бренда), я основал компанию по развитию стратегии под названием Prophet. Она добилась успеха, и со временем я продал ее Dentsu. В 1997 году мы с товарищами решили создать несколько компаний электронной коммерции в подвале офиса Prophet — этим должен был заниматься бритоголовый обладатель диплома MBA в Сан-Франциско. В общем, подталкиваемая ветрами вычислительных мощностей и интернета моя карьера набирала обороты.

Одна из этих компаний, Red Envelope, стремительно развивалась в тот период процветания; кульминацией стало первичное размещение ее акций на бирже NASDAQ — в 2002 году то было единственное IPO в сфере розничной торговли.

В жизни мне были ниспосланы невероятная удача, замечательный партнер (жена) и мудрое появление на свет в великолепную эпоху. Поэтому я решил не довольствоваться тем, что есть, — я хотел большего. Большего, черт возьми! И не вполне понимая, что это для меня значит, я просто выбрал другое. Отказавшись от должности члена совета директоров Red Envelope и попросив у жены развода, я переехал в Нью-Йорк, чтобы преподавать в Школе бизнеса Стерна при Нью-Йоркском университете. Словом, в мои тридцать с небольшим лет мне можно было поставить такой «диагноз»: дефицит характера.

В 2010 году, в период работы в Школе бизнеса Стерна, я опубликовал результаты исследований по определению рейтинга брендов класса люкс на основе их цифровой компетенции. Мне удалось установить контакты со многими изучаемыми предприятиями; увидев в этом благоприятную возможность для ведения бизнеса, я организовал L2 — компанию деловой аналитики. Сегодня L2 работает с третью из сотни крупнейших потребительских компаний мира; в 2017 году ее выкупила акционерная исследовательская и консалтинговая компания Gartner, хорошо известная на рынке информационных технологий.

В области предпринимательства можно взлететь очень высоко, но и падать придется низко. Изо всех сил стараясь преодолеть умеренную депрессию, главным образом гнев, я провожу много времени в размышлениях о том, как справиться со всем этим без медикаментов и психотерапии (иногда приходится прибегать к одному или обоим этим средствам). И результатом этой борьбы стали попытки разобраться в том, как добиться не только успеха, но и счастья. Своими выводами я делюсь в блоге No Mercy / No Malice («Ни пощады, ни злобы»). Но так как делаю это не системно, в книге я постарался все исправить.

Здесь я поделюсь своими наблюдениями (со ссылками на множество исследований) как серийный предприниматель, а также как ученый, муж, отец, сын и американец. Важно подчеркнуть, что описанные в книге мысли — это не выжимка из рецензируемых научных трудов и не карта, составленная людьми, уже прошедшими этот путь, а мои собственные размышления и выводы.

Книга состоит из четырех частей. В первой части изложены основные «жизненные уравнения», которые мы со студентами вместе анализируем каждой весной: если бы понадобилось представить формулу счастья в виде конечного числа уравнений, какими бы они были? Вторая часть посвящена глубокому анализу того, что я узнал об успехе, амбициях, карьере и деньгах на собственном опыте, будучи инвестиционным банкиром, предпринимателем, профессором бизнес-школы и автором книги о влиянии технологических гигантов на экономику и общество.

Темы первой и второй части книги очень важны для жизни, но в третьей — рассматривается чрезвычайно острый вопрос — любовь и отношения. Молодые люди, особенно юноши, старательно пытаются свести воедино противоречивые сведения о том, как решить трудную задачу взаимоотношений и успеха, чтобы в нашем капиталистическом мире обрести смысл в личной и профессиональной жизни. Четвертая, последняя, часть книги призывает читателя, взглянув на свое отражение в зеркале, заняться такими вопросами, как забота о физическом теле, питание, борьба с внутренними демонами и последние дни земной жизни.

Возможно, нет никакого смысла следовать советам мрачного сумасшедшего профессора. Может быть. Однако я подготовился и на двухстах с лишним страницах сыграю эту **роль**. Надеюсь, размышления об успехе и любви из моего блога помогут вам устроить свою жизнь так, чтобы она приносила больше удовлетворения.

ОСНОВЫ

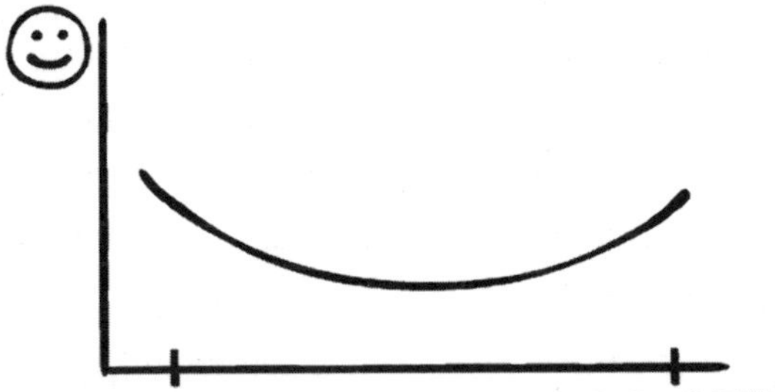

ВСЕМ ИЗВЕСТНО, ЧТО ТАКОЕ СЧАСТЬЕ, СТРЕСС И ТРАГЕДИЯ

Ваши детство, подростковый возраст и студенческие годы были наполнены Ханом Соло*, пивом, поездками, случайными связями и самопознанием. Просто сказка! Однако на втором-третьем десятке лет жизни наступает самое трудное время — работа, стресс и осознание того, что, несмотря на заверения учителей и родителей, вам вряд ли удастся стать сенатором. И уж точно в вашу честь не назовут духи! С возрастом на здоровье начинает сказываться стресс, вызванный построением той жизни, какой, как вам говорили, вы заслуживаете и которую, следовательно, способны построить. А случается, от тяжелой болезни

* Один из персонажей киноэпопеи «Звездные войны». *Прим. ред.*

умирает близкий человек — и тогда жизнь обрушивается на вас всей своей тяжестью.

Только после пятидесяти или чуть раньше, если вам свойственна сентиментальность, вы начинаете замечать повсюду прекрасные дары[1]. Вас окружают чудесные создания, которые выглядят и пахнут, как дети. Вы видите, как вода превращается в волны, на которых можно кататься, и наблюдаете другие чудеса природы. Вы чувствуете способность поделиться результатами своего труда и жизненного опыта, за что вам еще и заплатят, чтобы вы могли обеспечить семью. Вы получаете возможность путешествовать по воздуху почти со скоростью звука, чтобы увидеть удивительные творения выдающихся людей. А жизненные трагедии нередко оборачиваются рождением лучших научных идей. Вы осознаете, что время пребывания человека на земле ограничено, и начинаете ощущать запах роз, позволяя себе быть счастливым, как вы того заслуживаете.

Так что, если вы обнаружите, что испытываете стресс и иногда чувствуете себя несчастливыми, признайте, что это неизбежная часть жизни, и продолжайте идти вперед. Счастье ждет вас впереди[2].

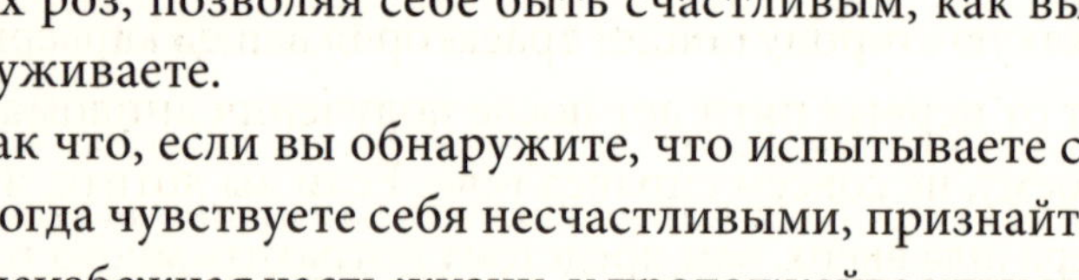

РАБОТАЙТЕ, ПОКА МОЛОДЫ

Все мы знаем таких людей, которые добились успеха, или находятся в отличной форме, или играют в музыкальной группе, или близки со своими родителями, или работают волонтерами в Американском обществе по предотвращению жестокого обращения с животными, или ведут кулинарный блог. Исходите из того, что вы не относитесь к их числу.

На мой взгляд, возможность поддержания баланса при построении карьеры по большей части миф. Бурная полемика о ценности упорного труда внушает нам мысль, что, прежде чем добьемся успеха, мы должны испытать нужду. Это не так: на пути нас ждет множество наград. Но если в молодости вы сделаете приоритетом баланс, придется смириться и с тем, что вам вряд ли удастся достичь высшего уровня благосостояния — разве что вы гений.

В какую сторону пойдет траектория вашей карьеры, зависит от первых пяти лет после получения диплома, что, по-моему, не совсем справедливо. Если вы хотите, чтобы карьера шла вверх, вам предстоит потратить много топлива. Мир не лежит у наших ног, приходится прилагать немало усилий, чтобы занять свое место под солнцем. Старайтесь изо всех сил!

Сейчас в моей жизни воцарилась гармония — но это произошло лишь благодаря тому, что ее не было в 20–30 лет. В период с 24 до 34 лет, помимо учебы в бизнес-школе, я помню только работу — и больше ничего. Мир принадлежит не сильным, а быстрым. Значит, вам предстоит пройти большее расстояние за меньшее время, чем ровесникам. Отчасти это зависит от таланта, но в большей степени от стратегии и выносливости. Из-за отсутствия баланса в начале карьеры я утратил брак, волосы на голове и, пожалуй, беспечность юности. И все же я не могу дать вам никаких инструкций, потому что здесь нужно искать компромисс, который я смог обрести позже, хоть и дорогой ценой.

УПОРНЫЙ ТРУД

Отношение количества времени, которое вы уделяете упорному труду, к тому, сколько вы наблюдаете за работой других, — отличный показатель вашего успеха в будущем. Покажите мне человека, который каждый вечер не отрывается от канала ESPN, все воскресенье смотрит футбол и не занимается спортом, — и я нарисую вам картину будущего, полного гнева и неудачных отношений. Покажите мне того, кто трудится не покладая рук и уделяет занятиям спортом столько же часов, сколько просмотру спортивных программ, — и я покажу вам преуспевающего человека[3].

САМОЕ ВАЖНОЕ РЕШЕНИЕ, КОТОРОЕ ВАМ ПРЕДСТОИТ ПРИНЯТЬ

Большинство студентов бизнес-школ тратят много времени на карьеру и общение с друзьями. Однако для жизни гораздо важнее выбрать хорошего партнера. Всё сияет ярче, все острые углы сглаживаются, если у вас есть супруг или спутник — настоящий друг; о нем вы заботитесь и с ним хотите заниматься сексом. Несколько моих друзей сделали впечатляющую карьеру, у них есть замечательные друзья и любимые мужья и жены, тем не менее они не счастливы, потому что супруги не стали их партнерами. Оказалось, у них разные цели и подходы к жизни. Несовпадение мнений в отношении важных вещей, неспособность по достоинству оценить другого человека делает всё на свете сложнее. А вот у тех из моих друзей, которые достигли меньшего в финансовом плане и проводят меньше времени с друзьями, есть настоящий спутник жизни, с которым можно разделить и трудности, и достижения. Вот они гораздо счастливее.

ЛЮБОВЬ ♡
+ ЦЕННОСТИ Ц
ДЕНЬГИ ₽

ПАРТНЕРЫ П

ЛЮБОВЬ, ЦЕННОСТИ, ДЕНЬГИ

Лучшие из известных мне любовных отношений отвечают трем условиям. Такие пары испытывают физическое влечение друг к другу. Секс и эмоциональная привязанность делают отношения уникальными, без всяких слов доказывая, что люди правильно выбирали друг друга. Хороший секс бывает в 10 процентах отношений, а плохой — в 90 процентах. Тем не менее молодые люди подходят к этому вопросу недостаточно серьезно. К тому же забывают убедиться и в общности взглядов на такие ценности, как религия, количество детей в семье и подход к их воспитанию, распределение обязанностей, степень близости с родителями и готовность пожертвовать чем-то ради материального благополучия.

Деньги — одна из важнейших ценностей, о них обязательно стоит говорить, поскольку недостаток средств часто вызывает напряжение между супругами[4]. Соответствует ли вклад вашего спутника, его подход и ожидания в отношении денег, а также то, как они приходят в ваш дом и куда уходят, вашим собственным представлениям обо всем этом?

ДИПЛОМ + ПОЧТОВЫЙ ИНДЕКС = ДЕНЬГИ

В Соединенных Штатах Америки действует кастовая система — она строится на высшем образовании[5].

Экономический рост все больше концентрируется в нескольких крупных городах[6]. На протяжении следующих пятидесяти лет две трети его будут приходиться на сверхгорода. Благоприятные возможности — это своеобразная функция плотности. Чтобы достичь успеха, нужно ехать туда, где много возможностей. В крупных городах как на Уимблдоне: даже если вы не звезда тенниса Рафаэль Надаль, благодаря пребыванию на одном корте с ним ваша игра перейдет на более высокий уровень. И вы либо приобретете лучшую спортивную форму, либо поймете, что вам здесь не место.

Это та основа вашего успеха, от которой зависит, насколько быстро вы обретете благосостояние. Скажите мне, какое у вас образование (ученая степень и учебное учреждение) и где вы живете, — и я довольно точно оценю, сколько денег вы заработаете за следующие десять лет. Итак, мой совет прост: пока вы молоды, получите диплом и переезжайте в большой город. С возрастом выполнить эти две задачи становится все труднее, а иногда даже невозможно. Несмотря на то что вы всегда будете читать захватывающие истории о Стивах Джобсах, Биллах Гейтсах и других известных людях, отчисленных из колледжа, отталкиваться нужно от того, что вы не принадлежите к их числу.

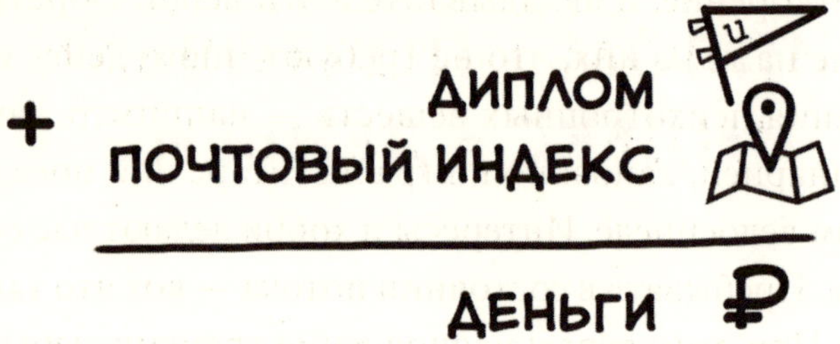

ЧТО ДЕЛАЕТ ВАС СЧАСТЛИВЫМИ

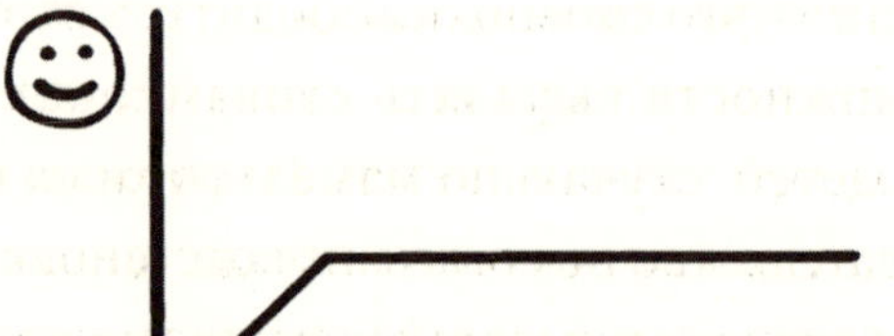

Между тем, сколько у вас денег и насколько вы счастливы, существует взаимосвязь. В каком-то смысле счастье можно купить. Но после достижения определенного уровня достатка эта связь ослабевает[7]. Впрочем, большее количество денег не сделает вас менее счастливыми — не верьте тем, кто считает иначе!

Вместо того чтобы разобраться в том, что делает меня счастливым, основную часть своей жизни я пытался понять, как заработать больше. Это была ошибка. Так что трудитесь не покладая рук, чтобы добиться финансовой стабильности, но отмечайте, что приносит вам радость и удовлетворение, и вкладывайте в эти вещи. Обратите внимание на те из них, что не требуют много денег или применения психотропных веществ — например, занятия кулинарией, капоэйрой, игра на гитаре или поездки на горном велосипеде. Интересы и хобби делают нас особенными. Пребывать в состоянии потока — вот что такое счастье![8] При этом теряешь ощущение времени, забываешь о себе и чувствуешь себя частью чего-то большего.

Писательский труд я открыл для себя несколько лет назад. Теперь эта сторона моей жизни приносит мне самое большое удовлетворение. Писательский труд сродни психотерапии — это способ освободиться от тяжелых мыслей и возможность выразить словами, как сильно я люблю своих детей, скучаю по маме и обожаю приправу чипотле. Писательство помогло мне восстановить связь с дорогими мне людьми и познакомиться с новыми и интересными. Надеюсь, после того как я покину земной мир, мои дети прочитают эту книгу и почувствуют, что лучше меня узнали. Я сожалею о том, что не начал писать еще тридцать лет назад.

ИНВЕСТИРУЙТЕ КАК МОЖНО РАНЬШЕ И КАК МОЖНО ЧАЩЕ

Принято считать, что сложный процент — это самая мощная сила на свете. Идея о сбережениях сильнее волнует тех, кто понимает ее меньше всего, — молодых людей, поскольку они еще не усвоили понятия «перспектива». Многие молодые люди считают себя умными, талантливыми и способными заработать много денег. Что ж, может быть... Но если на вас все же не хлынет немедленно ливень из стодолларовых купюр, начинайте откладывать деньги как можно раньше и как можно чаще[9]. Думайте об этом не как о сбережениях, а как о волшебстве. Поло́жите тысячу долларов в волшебную шкатулку, и в сорок лет тысяча долларов превратится в 10 или 25 тысяч. Если бы у вас была такая волшебная шкатулка, сколько бы вы в нее положили?

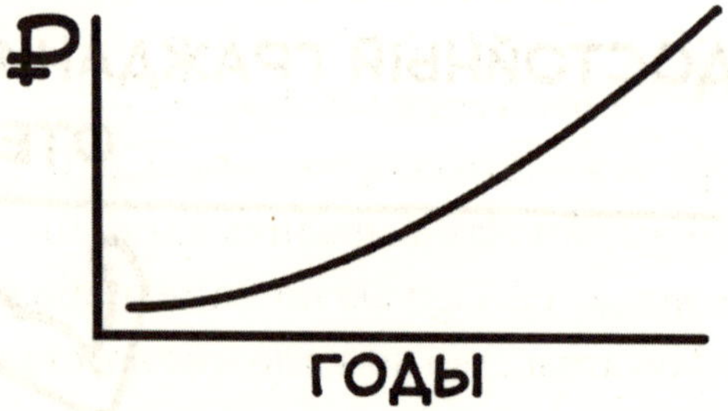

Большинству из нас известно, как работает сложный процент при накоплении денег, но мы не осознаем его силы в других сферах жизни. Приложение 1 Second Everyday каждый день напоминает о том, чтобы вы записали одну секунду видео — не такая уж сложная задача (или инвестиция)[10]. В конце года вместе с детьми я просматриваю шестиминутное видео о нашей жизни за прошедший год. Мы смотрим его снова и снова, угадывая, где я был; дети смеются, увидев себя, и мы вспоминаем, как замечательно провели время в тематическом парке «Волшебный мир Гарри Поттера».

Что может быть крепче уз, связывающих мать и ребенка? Это не просто инстинкт, а все те же маленькие инвестиции, которые она вкладывала в вас каждый день, с самого рождения. Такой принцип можно применить ко всем отношениям в вашей жизни. Делайте фотографии, пишите друзьям милые нелепицы, как можно чаще связывайтесь со старыми друзьями и как можно чаще говорите людям, что вы их любите. Уделяйте этому хотя бы несколько минут в день, пусть даже поначалу отдача покажется небольшой — со временем она станет огромной.

ВОСТРЕБОВАННОСТЬ
+ ДОСТОЙНЫЙ ГРАЖДАНИН*
ОТЕЦ

ПОЧУВСТВУЙТЕ СЕБЯ ТАРЗАНОМ

Ощущение мужественности приносит огромное внутреннее удовлетворение. Возможно, мои слова звучат странно, тем более что я ничего не могу сказать о женственности. Мой внутренний Тарзан летает на лианах — и я счастлив. Но теперь мои «лианы» не те, что в молодости. Тогда я чувствовал себя мужчиной, когда производил впечатление на друзей, занимался сексом с незнакомыми женщинами и качал мышцы в спортзале. С возрастом я перебрался в другой лес из «лиан». Сегодня чувствовать себя сильным как бык меня заставляет умение быть любящим и ответственным мужчиной, который обеспечивает свою семью, а также востребованность в аудитории и на работе.

Самцы обезьян имеют более высокий ранг в стае и успех в спаривании не тогда, когда они крупнее и сильнее, а когда у них больше социальных связей[11]. Сегодня я готов колотить себя руками в грудь, издавая победный клич, когда играю роль достойного гражданина, что означает быть хорошим соседом, проявлять уважение к общественным институтам, помнить о своем происхождении, помогать незнакомым людям, избавляться от своих недостатков, проявлять интерес к чужим детям и голосовать. В юности обо всем этом я даже не задумывался. Словом, я стал мужчиной, а не мальчиком в теле мужчины. Мужественность в моем представлении означает востребованность, способность быть достойным гражданином и любящим отцом.

АКЦИИ = БОГАТСТВО

Трудно стать обеспеченным только на одном окладе, поскольку в таком случае уровень жизни повышается или снижается в зависимости от того, сколько вы зарабатываете. Как можно быстрее купите недвижимость или акции и попытайтесь найти работу, которая предусматривает отчисления в пенсионный фонд, а еще лучше получение опционов на акции компании. Всегда следите за фондовым рынком, поскольку вам не хватит знаний, чтобы самостоятельно определить, когда следует покупать, а когда продавать. До сорока лет старайтесь держать не более трети средств в активах одного класса, а после сорока сократите эту долю до 15 процентов.

Быть богатым — значит иметь пассивный доход, превышающий расходы на жизнь. Мой отец и его жена получают около 50 тысяч долларов в год за счет дивидендов, пенсии и социального страхования и тратят 40 тысяч в год. Они богаты. Некоторые из моих друзей зарабатывают от 1 до 3 миллионов долларов, но при этом их дети посещают школу на Манхэттене, а еще они содержат бывших жен и дома в шикарном районе Хэмптонс, а также ведут образ жизни властелинов мира. В общем, они тратят бóльшую часть того, что имеют. И следовательно, они бедны.

К тридцати годам вы должны получить представление о своих расходах. Если молодые люди сосредоточены на заработке, то зрелые думают и о расходах.

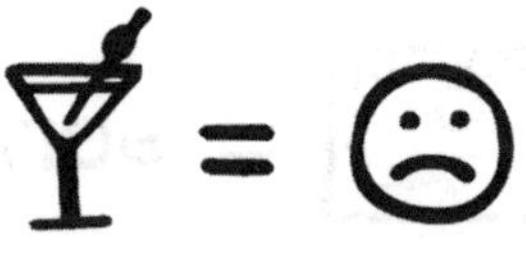

МЕНЬШЕ ПЕЙТЕ

Гарвардская медицинская школа провела крупнейшее исследование на тему счастья, в ходе которого на протяжении семидесяти пяти лет велись наблюдения за тремя сотнями мужчин начиная с возраста 19 лет. Целью было выявление факторов, делавших этих людей более или менее счастливыми[12]. Один фактор в жизни мужчины позволял спрогнозировать несчастье лучше всего остального. Речь шла об употреблении алкоголя, так как именно это было причиной неудавшихся браков, крушения карьеры и проблем со здоровьем.

После окончания колледжа я жил в Нью-Йорке и работал в Morgan Stanley, и каждый вечер напивался до чертиков в очень престижном месте вместе с другими на первый взгляд успешными людьми. Подобное поведение казалось мне естественным. В состоянии опьянения я становлюсь забавным и оптимистичным, трезвый же я напряжен и скучен. Кроме того, я никогда не знакомился с женщинами, не дернув для храбрости (см. выше о Тарзане). На протяжении недели посреди рабочего дня я разыскивал пустой конференц-зал, где можно было бы спокойно вздремнуть полчаса, чтобы справиться с похмельем. По утрам я пил диетическую колу и ел жирную пищу, чтобы как-то встряхнуться и дожить до второй половины дня, и только около четырех снова начинал чувствовать себя бодрым. Я опять был готов к встрече с друзьями из Salomon Investments и моделями в дорогущих клубах Tunnel или Limelight, где мы безудержно развлекались, подбадриваемые алкоголем.

Из-за того, что пропускал занятия и не очень старательно учился в университете, я стал заурядным банкиром. А употребление алкоголя сделало меня посредственностью. Повезло, что у меня нет зависимости — по-моему. После переезда на Западное побережье я не скучал по спиртному. Спросите себя, выпускники колледжей, не мешают ли вам алкоголь и наркотики строить отношения, карьеру, жизнь? И если да, решите эту проблему.

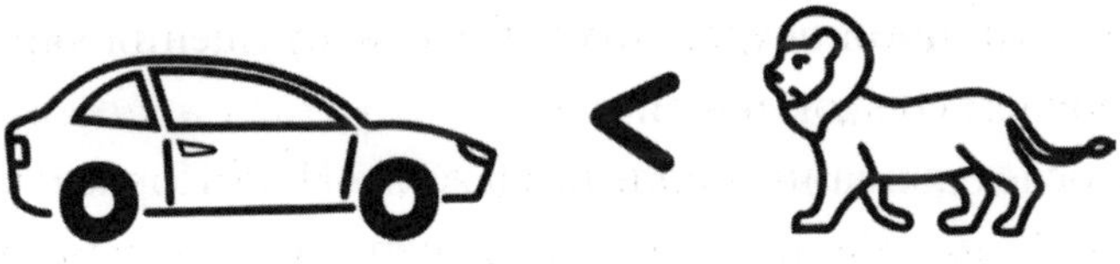

АВТОМОБИЛЬ < ЛЕВ

По данным исследований, люди переоценивают счастье, которое дают им вещи, и недооценивают долгосрочное воздействие положительных впечатлений[13]. Делайте инвестиции во впечатления, а не в вещи. Так что лучше водите Hyundai, но свозите жену на остров Сен-Бартелеми.

ПОМОГИТЕ БЛИЗКОМУ ЧЕЛОВЕКУ ДОСТОЙНО УЙТИ ИЗ ЖИЗНИ

Помимо своих детей, больше всего я горжусь тем, что помог своей маме спокойно умереть. После того как у нее обнаружили неизлечимое онкологическое заболевание, я семь месяцев прожил вместе с ней в общине для престарелых в Саммерлине, штат Невада. В течение дня я помогал маме проходить необходимые медицинские процедуры, смотрел вместе с ней сериалы и телевикторины. Вечером я отправлялся в стрип-клуб и выпивал там вместе со стриптизершами и предпринимателями — владельцами сигарных баров и ресторанов. Тот период жизни был необычным, но очень значимым для меня. Безотчетное удовольствие, которое приносит забота о другом в начале жизни — например радость, которую доставляют нам дети, — хорошо описано в литературе[14]. Однако создание комфортных условий для близкого человека в конце жизни тоже приносит глубокое удовлетворение. Если у вас есть возможность (у многих ее нет) помочь близкому уйти из жизни достойно, сделайте это — вы будете хранить воспоминания об этом времени до конца своих дней.

СЧАСТЬЕ = СЕМЬЯ

По многим свидетельствам, счастливее всего те люди, которые поддерживают моногамные отношения и имеют детей. Признаюсь честно, я не хотел жениться и заводить детей и до сих пор не считаю, что дети — это залог счастья. Однако точно могу сказать, что возможность стать хорошим отцом и воспитывать детей с любимой женщиной помогла мне найти ответ на вопрос, над которым задумываются все: зачем я пришел в этот мир?

СТОЙКОСТЬ / НЕУДАЧИ = УСПЕХ

СТОЙКОСТЬ ÷ НЕУДАЧИ = УСПЕХ

В жизни каждого бывают неудачи и трагедии. Вас увольняют, вы теряете близких людей и, скорее всего, время от времени переживаете финансовые трудности. Чтобы быть успешным, нужно уметь преодолевать скорбь и продолжать жить. Например, мой брак распался, несколько компаний обанкротились и я потерял единственного на тот момент человека, который меня любил, — маму. И все эти неприятности случились со мной до того, как мне исполнилось сорок. Однако мне посчастливилось получить отличное образование, завести хороших друзей, обладать неким талантом и жить в лучшей стране мира — США, поэтому все эти беды не сломили меня.

НИЧТО НЕ БЫВАЕТ НАСТОЛЬКО ПЛОХИМ ИЛИ НАСТОЛЬКО ХОРОШИМ, КАК КАЖЕТСЯ

Как говорит мой друг Тодд Бенсон, динамика рынка превосходит личную успеваемость. Иными словами, не всегда успех и неудача — это целиком ваша заслуга. Поэтому люди постарше часто дают молодому поколению такой совет: не будьте к себе слишком строги. Соперничество заставляет нас брать пример с успешных людей, и нас постигает разочарование, если тот, кого мы видим в зеркале, не соответствует высоким требованиям. Прощение себя и других — вот ключ к построению гармоничных отношений, потому что вы и ваш спутник жизни обязательно будете совершать ошибки[15]. Время пребывания человека на земле ограничено, поэтому мы возлагаем на себя ответственность за свои поступки. Но будьте готовы и прощать себя, чтобы продолжать важное дело — жизнь.

СУБЪЕКТИВНЫЕ ОЩУЩЕНИЯ ↓ < РЕАЛЬНОСТЬ ↓

СУБЪЕКТИВНЫЕ ОЩУЩЕНИЯ ↑ < РЕАЛЬНОСТЬ ↑

УСПЕХ

Ниже изложены правдивые истории о моем воспитании и о том, как я приобрел свои инструменты процветания и успеха.

БУДЬТЕ АЛЧУЩИМ

Я много размышляю об успехе и его причинах. Талант здесь играет главную роль, но он всего лишь обеспечивает доступ в переполненный зал для важных персон. Успех похож на платиновый медальон авиакомпании Delta: вы чувствуете себя особенным, но в аэропорту La Guardia осознаете, что таких, как вы, там много. Предположим, вы невероятно талантливы — возможно, даже принадлежите к одному проценту лучших из лучших. Поздравляю: вы относитесь к 75 миллионам человек (столько же людей населяет Германию), которые все как один претендуют на нечто большее, чем их доля мировых ресурсов. Когда я предлагаю своим студентам рассказать, к какой жизни они стремятся, большинство описывает образ жизни и атрибуты группы численностью в миллионы человек. Иначе говоря, большинство молодых людей, которые читают эту книгу, скорее всего, хотят оказаться в числе

0,1 процента самых богатых и успешных. Но приблизиться к такой цели с помощью одного только таланта не удастся.

В погоне за успехом сильное желание берет над талантом верх. Такое желание, или страсть, возникает по разным причинам. Не думаю, что оно рождается вместе с человеком. Так, я испытываю сильное чувство незащищенности и страха, и в совокупности со свойственными всем людям инстинктами эти чувства и привели к возникновению сильного желания добиться успеха. Понимание того, откуда оно берется, может пролить свет на различие между успехом и удовлетворенностью.

Первые восемнадцать лет своей жизни я трудился не слишком упорно. В университете все мы были одинаково милыми, умными, привлекательными молодыми людьми (потому что восемнадцать лет и привлекательность означают здесь почти одно и то же), которые неловко испытывали влечение друг другу («она горячая штучка», «он такой классный»). Однако на последнем курсе девушки тянулись к тем, кто навел порядок в голове и демонстрировал первые предзнаменования успеха, или к тем, у кого были богатые родители. Эти молодые люди по внешним признакам уже были выше других, потому что проводили выходные в родительском доме в Аспене или Палм-Спрингс.

В игру вступал женский инстинкт: девушки искали спутников жизни, способных лучше обеспечить выживание потомства, а не увлекались забавными ребятами в узких кожаных галстуках и мокасинах, которые цитировали ключевые сцены из кинотрилогии «Планета обезьян». Мой инстинкт тоже давал о себе знать, поэтому я хотел расширить круг потенциальных спутниц жизни.

Итак, я решил, что для этого необходимо подавать сигналы об успехе, и поступил на работу в Morgan Stanley, несмотря на то что представления не имел, кто такие инвестиционные банкиры. Однако всем известно: банкиры — люди успешные.

Вскоре я понял: секрет успеха заключается в том, чтобы найти дело, в котором тебе нет равных. Вознаграждение и признание, обусловленное мастерством, рождает страстную увлеченность своим делом.

В занятии инвестиционным банкингом я находил только скуку, поэтому испытывал огромный стресс. Вскоре я понял, что попытки произвести впечатление ведут к прозябанию, и это придало мне уверенности в стремлении все изменить. Я прекратил идти к успеху по пути, лишенному внутреннего удовлетворения.

Второе событие тоже было связано с женским полом. Когда я учился на втором курсе магистратуры, у моей мамы обнаружили рак груди. Ее раньше времени выписали из больницы в Лос-Анджелесе, после чего она прошла курс химиотерапии. Мама позвонила мне в Беркли и сказала, что чувствует себя ужасно. В тот же день я приехал домой. Войдя в темную гостиную, я увидел маму. Расстроенная, она скорчившись лежала на диване. Ее рвало. Взглянув на меня, она спросила: «Что будем делать?» Мне трудно даже вспоминать об этом.

Наша страховка не покрывала расходов на лечение, а среди моих знакомых не было врачей. Я испытывал бурю эмоций, но больше всего сожалел о том, что у меня нет денег и влияния. Ведь богатство, помимо всего прочего, обеспечивает связи и доступ к лучшему медицинскому обслуживанию. У нас не было ни того ни другого.

ТОШНОТА

В 2008 году моя подруга забеременела, и я стал свидетелем чуда рождения, испытывая весьма тревожное чувство, когда на свет появился мой сын. Честно говоря, я по-прежнему считаю, что мужчинам не следует присутствовать при родах. В тот момент я не ощущал ни любви, ни благодарности, ни изумления, а только тошноту и тревогу по поводу эксперимента, на который мы решились, чтобы сохранить эту жизнь. Тем не менее, как часто бывает, инстинкт дал о себе знать, и вскоре все уже казалось не столь ужасным, а иногда даже приятным. Во мне проснулась потребность защищать и обеспечивать.

В 2008 году грянул финансовый кризис, который больно ударил и по мне. Из состоятельного человека я превратился в бедняка. Несмотря на то что предыдущий кризис 2000 года привел к таким же экономическим последствиям, он меня не затронул, поскольку в ту пору мне было всего тридцать с небольшим лет и я знал, что сумею о себе позаботиться. На этот раз все было иначе. Неспособность обеспечить своему сыну[1] жизнь на Манхэттене[2], как я запланировал, пошатнула мои убеждения насчет того, зачем я пришел в этот мир, а также поставила под сомнение мою мужскую ценность. Все шло к провалу космического масштаба — и страстное желание успеха разгорелось с новой силой.

Ради обеспечения и поддержания статуса уважаемого человека и кормильца многие из нас предъявляют к себе иррациональные требования. Врожденная склонность защищать и растить потомство — залог выживания нашего вида. Однако убежденность в том, что ваш ребенок обязательно должен ходить в частную школу на Манхэттене и владеть лофтом в районе Трайбека, свидетельствует больше о вашем эго, чем о родительском инстинкте[3]. Можно быть хорошим и даже замечательным отцом, имея гораздо меньше денег, чем я считал необходимым зарабатывать. И все же тогда я чувствовал себя неполноценным.

В последнее время моя жажда успеха преображается. Сейчас меня больше интересует востребованность, а не деньги. Я уделяю больше времени людям и проектам, которые мне небезразличны, даже в ущерб заработку. Я пытаюсь жить настоящим и отказываюсь от некоторых финансовых возможностей ради того, чтобы сосредоточиться на состоянии души. Кроме того, я пытаюсь внушить своим сыновьям желание достигать успеха с помощью выполнения домашних дел. Каждую неделю я плачу им за решение определенных задач в надежде на то, что они свяжут работу с вознаграждением и начнут испытывать желание трудиться и зарабатывать. Два раза в год, после того как заплачу мальчикам за работу, я устраиваю на них нападение по пути в комнату и, вступив с ними в схватку, отнимаю деньги, — это еще один жизненный урок.

ПРИМИТЕ ВЗРОСЛУЮ ЖИЗНЬ

Каждой весной Сохо наводняет толпа пурпурных привидений — двадцатидвухлетних студентов в шапках и мантиях Нью-Йоркского университета. Где-то поблизости обычно можно заметить сияющих от гордости мужчин и женщин, похожих на этих студентов, только старше и крупнее. Пора вручения дипломов прекрасна и полна надежд. Этот момент приносит огромное удовлетворение вашей взрослой версии — родителям, поскольку ваш диплом — свидетельство их успеха (ведь родители помогли вам попасть в колледж и выучиться в нем). Теперь они могут поставить галочку рядом с последним пунктом, за который несут ответственность, — помимо смерти (пожалуй, это прозвучало ужасно).

Мне ни одна из церемоний вручения дипломов не доставила радости. Мое обучение в Калифорнийском университете закончилось в середине пятого года обучения, когда большинство моих друзей разъехались, отбыв предписанные дипломом бакалавра четыре года. Последние две недели в университете я провел, уговаривая преподавателей поставить мне более высокий балл, чем я заслужил, благодаря чему я получил бы диплом — мне не хватало трех курсов для получения степени бакалавра по экономике. Мой посыл звучал просто и правдоподобно:

— «Я живу с матерью в доме для нижней прослойки среднего класса».
— «Я получил отличное предложение о работе от Morgan Stanley в Нью-Йорке».
— «Чем быстрее я уберусь отсюда, тем быстрее вы примете более достойного студента».

С этой просьбой я обращался к четырем профессорам (на самом деле их было больше), и все они реагировали одинаково: глядя на меня с отвращением, подписывали бумаги и просили покинуть кабинет. Словом, не было никаких мантий и очень мало помпезности и торжественности.

Вторая церемония вручения диплома, в Беркли, прошла гораздо приятнее, поскольку я взялся за ум (или что-то в этом роде) и получил диплом MBA. Мне поручили произнести речь во время церемонии. Посреди выступления я поднял глаза и увидел свою мать в толпе родителей, сидевших под палящим солнцем в амфитеатре университета. Я видел, как она стоит, не в силах сдерживать гордость, и машет мне обеими руками.

Я не верю в загробную жизнь, но, прежде чем покинуть этот мир, планирую побаловать себя большим количеством психоделиков, потому что хочу увидеть яркие видения, о которых рассказывают люди, пережившие клиническую смерть[4]. По моим расчетам, видения будет два (я надеюсь на это): один из моих сыновей со смехом катается на мне в постели и мама стоит и машет мне рукой, будто напоминает, что она там и она моя мать.

И все же то время было неспокойным для меня, как и для многих. Двадцатишестилетний молодой человек во многом остается ребенком. Поскольку мама заболела, я отклонил предложение о работе в консалтинговой компании, решив открыть собственную. В те дни опорой моей жизни была подруга, от нее зависело мое душевное спокойствие и финансовое благополучие. Ведь у нее была настоящая работа.

Сейчас писатели нередко используют церемонию вручения диплома как возможность рассказать о себе от третьего лица, приукрасив фильтр, через который их должны увидеть. Но если бы мне предстояло дать совет новоиспеченным выпускникам, я сказал бы нечто в таком роде...

НЕ СЛЕДУЙТЕ ЗА СВОЕЙ МЕЧТОЙ

Те, кто произносят речи в университетах, особенно на церемониях вручения дипломов, и советуют вам идти за своей мечтой (или мое любимое — «никогда не сдаваться»), уже разбогатели. Большинство из них добились успеха, открыв предприятия по переработке отходов после провала пяти других начинаний. Иначе говоря, они знали, когда следует сдаться. Вам же нужно найти занятие, к которому у вас есть способности, и после десяти тысяч часов практики достичь в этом деле настоящего мастерства. Эмоциональное и материальное вознаграждение, которое обеспечивает высокий уровень мастерства в своем деле, заставит вас увлечься им. Ведь никто не начинает карьеру из любви к налоговому законодательству, но лучшие специалисты по налоговому праву любят свое дело, обеспечивают свои семьи и вступают в брак с еще более поразительными людьми, чем они сами.

СКУЧНОЕ — ЭТО СЕКСУАЛЬНО

Карьера — это своеобразный актив. Если в какой-то отрасли образуется избыток человеческого капитала, отдача от усилий в ней снижается. Предположим, вы хотите работать в Vogue, снимать фильмы или открыть ресторан. Вначале убедитесь, что вы получите большое моральное удовлетворение, поскольку отдача от ваших усилий, в отличие от получивших широкую известность исключений, с поправкой на риск будет очень мала. Я стараюсь не делать инвестиции в то, что хоть отдаленно кажется крутым. Я не покупал журнал BlackBook и не вкладывал деньги в агентство Ford Models или в модный эксклюзивный музыкальный клуб. Но вот если бизнес, а также решаемая им проблема, так скучен, что хочется застрелиться, я точно займусь им. Недавно я выступал на Альтернативном инвестиционном саммите J. P. Morgan, где этот банк принимает три сотни богатейших семей мира. Среди них есть те, которые владеют медийными объектами или национальными авиакомпаниями, но большинство сколотило состояние на переплавке железной руды, страховании и пестицидах.

ТЕПЕРЬ ВЗРОСЛЫЕ — ЭТО ВЫ

В будущем вы можете поменяться местами с родителями. Вам придется за ними ухаживать, а не наоборот. Подобное случается часто. Вместе с тем окончание учебы — самое подходящее время, для того чтобы ускорить этот переход. Ваши поступки должны говорить им, что вы способны справиться с проблемами самостоятельно, поскольку теперь вы тот, кто решает проблемы, а не создает их. Поразительно, как многие люди, обычно ведущие себя как взрослые, при встрече с родителями превращаются в маленьких детей, ждущих опеки и заботы. Все, что приносит в жизни самое большое удовлетворение, заложено в нас с рождения. В обществе постоянно обсуждается, какое это счастье — растить детей. А вот тому, как приятно заботиться о родителях, уделяется гораздо меньше внимания. Подумайте об этом.

О ТОМ, КАК ДЕЛАТЬ ПРОСТЫЕ ВЕЩИ ПРАВИЛЬНО, — И ОБ ОДНОМ ПИСЬМЕ

На протяжении всей моей карьеры мне с трудом удавалось правильно делать простые вещи. Я мог сколотить команду, чтобы вместе подготовить содержательную, будоражащую ум презентацию, а затем опоздать на пятнадцать минут, выведя всех из себя. После совещания, получив от клиента письмо насчет дополнительной работы или даже нового заказа, я мог не ответить вовремя и упускал момент. Я не поддерживал контактов с людьми, когда это следовало делать. Словом, непрофессионализм и плохие манеры не позволяли моей карьере уверенно идти вверх. Странно было вести себя подобным образом, ведь я знал, как это исправить, но почему-то не делал этого.

Что можно сказать? Урок простой: не будьте дураком — делайте простые вещи правильно.

- **Не опаздывайте.**
- **Будьте воспитанным.**
- **Поддерживайте контакты.**

На мой взгляд, у большинства людей неприязнь вызывают именно те качества окружающих, которые они не переносят в себе. Сейчас я вам расскажу историю о моем первом столкновении со славой в интернете.

Однажды мой студент опоздал на занятие, и я выгнал его из аудитории, после чего разгорелся скандал: мы обменялись письмами, которые были опубликованы в сети. Одна публикация об этом инциденте набрала 700 тысяч просмотров и вызвала 305 комментариев[5]. В деканате Школы бизнеса Стерна сообщили, что в какой-то период получали по одному письму относительно моей переписки со студентом каждые две минуты. Большинство из них были благожелательными, некоторые совсем наоборот (например, «Я не позволю своему сыну поступать в Нью-Йоркский университет этой осенью»). Теперь разбор той истории входит в программу моего курса. По моему убеждению, это самый читаемый материал об отношении к опозданиям в университетах за всю историю их существования. Вот письмо, которое я получил:

От кого: xxxx@stern.nyu.edu
Кому: xxxx@stern.nyu.edu
Отправлено: вторник, 9 февраля 2010 года, 19:15:11
Тема: Отзыв о курсе «Стратегия бренда»

Профессор Гэллоуэй!

Я хотел бы обсудить с Вами вопрос, который меня беспокоит. Вчера вечером я пришел на шестичасовое занятие по стратегии бренда, опоздав примерно на час. Когда я вошел в аудиторию, Вы сразу же выгнали меня, велев уходить и не возвращаться до следующего занятия. Поговорив с несколькими студентами курса, я узнал о Вашей политике: студенты, опоздавшие больше чем на 15 минут, к занятиям не допускаются.

Вчера я был заинтересован в трех разных курсах, проходивших вечером в одно и то же время. Для того чтобы принять решение о том, какой из них выбрать, я запланировал побывать тем вечером на всех трех и посмотреть, что заинтересует меня больше всего. Поскольку я никогда не присутствовал на Ваших занятиях, мне не было известно о ваших правилах. Я разочарован тем, что Вы выгнали меня, учитывая то, что, во-первых, у меня не было возможности узнать о требованиях; во-вторых, поскольку это был первый день вечерних занятий и я опоздал на один час (а не на несколько минут), это опоздание было обусловлено моим стремлением посетить разные занятия, а не нерадивостью.

Я уже записался на другой курс, но просто хотел быть откровенным и высказать свое мнение по этому поводу.

С наилучшими пожеланиями,
хххх
—
хххх
Кандидат на получение степени MBA, 2010
Школа бизнеса Стерна при Нью-Йоркском университете
xxxx@stern.nyu.edu
ххх-ххх-хххх

А вот что я ответил:

От кого: xxxx@stern.nyu.edu
Кому: xxxx@stern.nyu.edu
Отправлено: вторник, 9 февраля 2010 года, 20:34:02
Тема: Re: Отзыв о курсе «Стратегия бренда»
Хххх!
Благодарю Вас за письмо. Я тоже хотел бы высказать свои замечания.
Правильно ли я понял? С первого занятия Вы ушли через 15–20 минут (встали и вышли посредине лекции), отправившись на другое и опоздав на 20 минут)? После чего Вы ушли и с этого занятия — надо полагать, снова посредине лекции, а затем пришли ко мне. В этот момент — а Вы опоздали на один час — я предложил Вам прийти на следующее занятие, что и вызвало у Вас «беспокойство». Все верно?
Вы утверждаете, что, поскольку еще не посещали моих занятий, у Вас не было возможности узнать о нашей политике не допускать к занятиям опоздавших на час. Большинство методов анализа рисков подразумевают, что в случае значительной неопределенности необходимо выбрать консервативный путь или перестраховаться — например,

не опаздывать на час, пока не узнаете, что профессор терпимо относится к проявлению неуважения, поговорить с ассистентом профессора до начала занятий или сделать тому подобные вещи. Надеюсь, победитель лотереи, которым стал недавно коронованный Вами профессор, преподает курс «Суждение и принятие решений» или «Критическое мышление». Кроме того, по существу, такая логика означает, что Вас нельзя призвать к ответственности за какие бы то ни было нарушения правил до посещения занятий. К Вашему сведению, у нас также нет официальной политики в отношении того, чтобы распевать песни посреди занятия, мочиться на столы или устраивать тест-драйв революционного устройства для удаления волос. Однако, Хххх, существуют простые правила, иначе говоря, манеры, соблюдения которых мы ожидаем от взрослых мужчин и женщин, которых приемная комиссия сочла бизнес-лидерами будущего.

Хххх, позвольте сказать Вам кое-что серьезное. Я не знаком с Вами, поэтому не испытываю к Вам ни симпатии, ни враждебности. Для меня Вы неизвестный студент, который уже сожалеет о том, что нажал кнопку «Отправить» на своем ноутбуке. И я надеюсь, Вы сделаете паузу... НАСТОЯЩУЮ паузу, Хххх, и серьезно отнесетесь к тому, что я Вам скажу. Хххх, наведите порядок у себя в голове. Получить хорошую работу, много работать, развивать свои навыки, ориентироваться в политике организации, найти баланс между работой и личной жизнью — все это действительно трудно, Хххх. Напротив, проявлять уважение к общественным нормам, вести себя воспитанно, демонстрировать скромность...

(относительно) просто. Делайте простые вещи правильно, Хххх. Сами по себе они не сделают Вас успешным, но их отсутствие будет мешать Вам раскрыть свой потенциал, который, в силу зачисления в Школу бизнеса Стерна, у Вас в избытке. Еще не слишком поздно, Хххх...

Еще раз благодарю Вас за мнение.

Профессор Гэллоуэй

ПОВЕРЬТЕ: ВЫ ЗАСЛУЖИВАЕТЕ ЭТОГО

В 1982 году в девятом классе средней школы Эмерсона меня называли не иначе как Комик или Стив Мартин. С тех пор я «успешно пережил» все возможные награды и признание. Месяц назад моя подруга Энн Маффей написала мне сообщение: «Пожалуйста, ответь моему брату, он хочет вручить тебе награду в знак признания твоей работы».

Что?

Брат Энн — Грег Маффей, CEO* медиакомпании Liberty Media, которую финансирует большой авторитет в области кабельного телевидения, CEO Tele-Communications Джон Малоун[6]. В прошлом Грег был финансовым директором Microsoft, а это еще круче. На мой взгляд, в корпоративном мире быть финансовым директором «империи зла» 1990-х — равносильно тому, чтобы максимально приблизиться к статусу Дарта Вейдера**. Грег слишком приятный человек, чтобы быть Темным Лордом, поэтому

---

* Здесь и далее генеральный директор компании. *Прим. ред.*

** Один из главных персонажей фантастической киносаги «Звездные войны». *Прим. ред.*

я представляю его себе Дартом Вейдером в ту пору, когда он, уничтожив императора, снял маску и вернулся с темной стороны.

Быстро просмотрев свою электронную почту, я нашел там письма от Грега и его коллег; они поздравляли меня с получением премии Media for Liberty. А я не отвечал на них целых два месяца.

Пять лет назад в Liberty учредили награду для авторов книг или журналистов, которые пишут о взаимосвязи политики и экономики. (Я почти уверен, что Грег миллиардер, поскольку все чиновники, присутствовавшие на том мероприятии, были очень, очень милы с ним. И как было сказано, в 1990-х годах Грег был финансовым директором Microsoft, поэтому мне кажется довольно символичным то, что какой-то профессор из-за рассеянности не ответил.) Я связался с Грегом и, поблагодарив его, согласился принять награду во время церемонии с ужином и напитками, которая проходила в 2016 году в музее Newseum — «любимом музее округа Колумбия», как написал журнал Washingtonian.

В тот день я был очень взволнован, но испытывал тревогу и неловкость. Мне казалось, что я слишком высоко взлетел, слишком близко к Солнцу. В общем, меня мучила одна мысль: «Я самозванец».

Пристальное внимание к моей персоне и признание обычно приводит к тому, что за моим плечом вдруг появляется некто, кто шепчет мне на ухо: «Кого ты обманываешь? Ты ведь подделка»[7]. Я не заслуживал ни признания как ученый, ни наград как предприниматель. Меня всегда беспокоило, что люди узнают, кто я на самом деле: не такой уж одаренный сын секретарши, который плохо учился в школе, не уделял должного внимания отношениям и был эгоистом. Человек, чей единственный талант — самореклама и склонность ставить себе в заслугу труд других людей. В общем, мошенник.

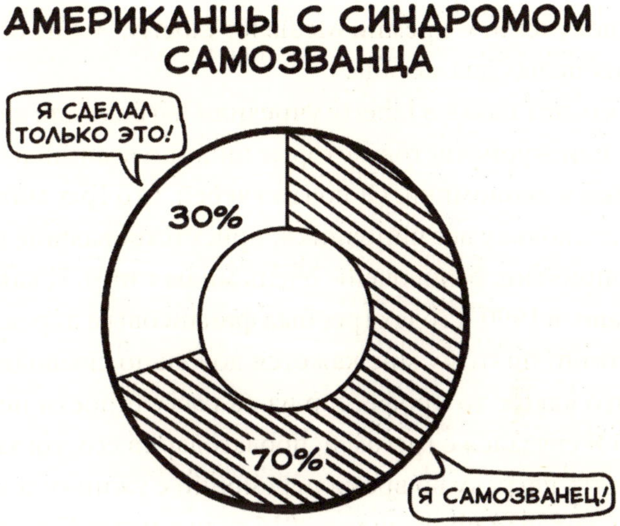

Источник: NBC News, 2017 г.

Когда я осознаю, что самые успешные люди всегда выходят за рамки своих возможностей, тревога отступает; 70 процентов американцев признаются, что испытывают синдром самозванца[8]. Психологи считают, что, если не выбрасывать из головы эти мысли, они становятся еще более навязчивыми[9]. Так что я разрешаю себе быть снисходительным, ведь в моей жизни были и тяжелый труд, и риск, и самоотдача. Однако я всегда чувствую себя неуверенно, думая о том, кто я на самом деле. Надеюсь, все дело в этом синдроме, а не в трезвой оценке ситуации.

ВСТРЕВОЖЕННЫЙ СКОТТ ЕДЕТ В ВАШИНГТОН

Торжественный прием и церемония награждения прошли замечательно. Глядя на Капитолий и размышляя об этом дне, я испытывал гордость за то, что я американец. Несмотря на голос, звучавший в моей голове, я применил все свои навыки, чтобы достойно побеседовать с Грегом, который так умело помогает другим быть лучшими в своем деле. В зале присутствовали мои друзья, в том числе лучший товарищ с четвертого курса, новые друзья из Флориды и дюжина других. Как и всегда, во время многих важных событий, меня охватила грусть. Хотелось, чтобы меня увидела мама, чтобы отец чувствовал себя хорошо и смог приехать на церемонию. На мероприятие приехала моя подруга, хотя ее муж был очень болен, и я ощущал, какое бремя она несет и какую печаль испытывает. Как великодушно с ее стороны было приехать! Я чувствовал любовь друзей и жены, которая шесть часов добиралась в Вашингтон на самолетах и поездах, чтобы запечатлеть это торжественное событие.

Достижения — это всего лишь момент, начертанный на бумаге карандашом, пока вы не поделитесь им с близкими. После этого они становятся воспоминаниями, записанными в «книге памяти» несмываемыми чернилами. Голос неуверенности в себе все еще звучит в моей голове. Однако он стихает, когда я чувствую себя американцем, ощущаю свою востребованность и понимаю, что меня любят.

НАЙДИТЕ СВОЙ ГОЛОС

Примерно в возрасте пяти лет я заметил, что в присутствии моего отца люди ведут себя не так, как обычно. Они кивали и смеялись, глядя ему в глаза. Женщины прикасались к его руке и улыбались, а мужчины при виде его кричали «Томми!», искренне радуясь встрече. Отец отлично говорил, он был веселым и остроумным — как истинный британец. Его красноречие, дерзость и остроумие, приправленные шотландским акцентом, привлекали женщин и работодателей.

Мама говорила, что отец обаятелен. Во время вечеринок вокруг него непременно собирались люди, с которыми он шутил, делился своим мнением о разных вещах — от космического пространства («Если оно никогда не кончается, значит, все уже когда-то происходило») до управления («Главное — это хорошая должностная инструкция»). Это качество около десяти лет позволяло отцу обеспечивать образ жизни верхушки среднего класса для нашей семьи: он путешествовал по западным регионам США и Канады, поддерживая пятнадцатиминутные всплески псевдодружбы с менеджерами отделов «Сад и огород» в магазинах сетей Sears и Lowe's. В обмен на общение две сотни его друзей заказывали больше чем нужно мешков навоза, поскольку отец продавал удобрения компании O.M. Scotts & Sons, входившей в состав корпорации International Telegraph and Telegram (ITT).

Когда отцу было под шестьдесят, рынок дал понять, что недавно уволенному из ITT менеджеру среднего звена не место в компании из списка Fortune 500. После этого отец стал проводить открытые семинары в местном муниципальном колледже. Дешевое флуоресцентное освещение делало зал похожим на больницу в Восточной Германии. Там стояли складные стулья в восемь рядов, имелся диапроектор, слайды с пятнами, а у задней стены ютился стол с полупустыми двухлитровыми бутылками Dr. Pepper, Sprite и Tab и пирожными «лимонные квадратики», которые пекла моя мачеха. На такие семинары приходило около пятнадцати человек 50–60 лет. Полтора часа отец выступал, делая перерыв посредине, чтобы присутствующие могли покурить в холле. Будучи подростком, я несколько раз бывал на таких семинарах. В том возрасте все, связанное с родителями, казалось мне жалким, но эти семинары вызывали особую грусть, даже подавленность. В обмен на возможность поделиться своей мудростью с другими, в основном безработными курильщиками, отцу приходилось платить от 10 до 20 долларов за бензин и угощения. Однако он вспоминает об этих мероприятиях как о счастливейшем периоде жизни. Он был на своем месте — выступал перед людьми, учил их.

ОБАЯНИЕ ПЕРЕДАЕТСЯ ЧЕРЕЗ ПОКОЛЕНИЕ

Я не унаследовал обаяния от отца. Обычно я довольно груб, а это противоположное качество. Речь идет не о грубости, проистекающей из привычки говорить правду в глаза, а о склонности бездумно брякнуть что-нибудь неуместное в неподходящий момент. Я постоянно говорю такие вещи и пишу такие письма, вызывая у людей неприязнь, — и знаю об этом. Мне нет прощения. Поскольку я добился успеха, многие воспринимают мою грубость как честность и даже лидерство. Нет, на самом деле я просто идиот. Но я стараюсь исправиться.

Тем не менее от отца мне досталась способность удерживать внимание зала, особенно если это зал заседаний без окон или конференц-зал на пятьдесят пятом этаже здания в районе Мидтаун на Манхэттене или цокольном этаже отеля. Большинство людей чувствуют себя неуютно, когда численность аудитории растет. Я же, напротив, испытываю вдохновение. В общении один на один я становлюсь замкнутым и даже теряю уверенность в себе. Но по мере того как зал наполняется, во мне пробуждаются совсем другие качества. Перед десятками слушателей моя голова рождает блестящие идеи. Перед сотнями я демонстрирую юмор и благожелательность. А когда в зале присутствуют тысячи, я ощущаю прилив адреналина и уверенность в том, что способен превзойти самого себя и вдохновить людей. Возможно, я ошибаюсь, но в этот момент все становится на свои места. И я могу, глядя в глаза каждому, заявить: «Все, что я говорю, истина!»

СТЕНДАП

Для того чтобы отточить мастерство, артисты выступают в жанре стендап в клубах. В моем случае это происходит в аудиториях, где вечером по вторникам в течение трех часов я оттачиваю искусство выступлений перед 170 студентами второго курса MBA. На таких занятиях я сосредоточенно прилагаю больше усилий, чем во время заседаний совета директоров или встреч избранного круга брокеров по операциям с коммерческой недвижимостью. При этом за час выступления за кафедрой я зарабатываю гораздо меньше, около тысячи долларов. Имейте в виду: эта сумма кажется большей, чем есть на самом деле, потому что перед занятиями несколько часов приходится тратить на подготовку или встречи со студентами в расчете на один час выступления. Кроме того, чтобы добраться до трибуны, необходимо переделать множество «ерунды», такой как получение ученой степени и участие в университетских интригах.

ДВЕ ПРИЧИНЫ

Мой отец сядет в самолет только по двум причинам — нет, не для того, чтобы повидать внуков или провести время с друзьями. Он готов лететь только ради игры любимой хоккейной команды Toronto Maple Leafs или наблюдения за тем, как его сын читает лекции. Отец сидит в последнем ряду аудитории. В самом начале всем гостям предлагают представиться — как правило, почти на каждом занятии присутствует дюжина любознательных студентов или абитуриентов. Мой отец ждет, пока все назовут себя, а затем с особым выражением произносит: «Я Том Гэллоуэй, отец Скотта».

Наступает пауза — и раздаются аплодисменты. Следующие три часа я вижу, как отец внимательно прислушивается к каждому моему слову, наблюдает за каждым движением. Мне хотелось бы знать, что он думает в свои восемьдесят восемь лет, глядя на меня. Испытывает ли он разочарование оттого, что ему не удалось раскрыть потенциал оратора, или чувствует удовлетворение прогрессом, наблюдая за версией 2.0 самого себя? Его присутствие напоминает мне о том, что различие между подкупом «лимонными квадратиками» ради того, чтобы собрать слушателей, и получением 2 тысяч долларов за проведение корпоративного мероприятия объясняется не талантом — ведь отец талантливее меня. Все дело в счастливом случае — в том, чтобы родиться в Америке[10], а также в щедрости налогоплательщиков Калифорнии, которые дали сыну простой секретарши возможность учиться в первоклассном университете. Талант отца и уверенность в себе, внушенная безграничной любовью его второй жены, позволили мне развить профессиональные навыки и получить возможность выйти в зал к людям и, глядя каждому из них в глаза, сказать: «Я верю в то, что это правда».

ЗНАЙТЕ СВОЮ ЦЕНУ

Одержимость общества технологическими гигантами стоит у меня над душой, заставляя дрожать голосовые связки. В области моей компетенции — крупных технологических компаниях — все раскалено добела, а экономика стабильна. Мои навыки в сочетании с собственными данными, которые десятки высокообразованных двадцатилетних сотрудников L2 собирают и анализируют, превращая в ценную информацию, а первоклассная креативная команда трансформирует в изображения и графики, представленные на экране позади меня, поют словно гениальный тенор Паваротти.

Как и все остальное, моя рыночная стоимость постепенно снизится до нуля. Люди перестанут интересоваться темами моих выступлений, и у меня больше не будет доступа к ресурсам, которые делают мою работу превосходной, а не просто хорошей, — или, что более вероятно, просто иссякнет поток моей креативности. Сотрудничество с молодыми, творческими людьми и общение с блестящими, талантливейшими мыслителями в бизнесе для меня то же самое, что героин для слепого певца Рэя Чарльза. Нет героина — нет хитов.

В Нью-Йоркском университете моя работа состоит в обучении юношей и девушек и выступлениях. В обмен на это меня терпят. Раз в три-четыре года новый декан или администратор предлагает мне читать больше лекций, пересматривает мою должность или делает нечто такое, что выводит меня из себя. Угрожая уйти в Уортонскую школу бизнеса или Корнеллский технологический институт, я обычно получаю желаемое. Если я кажусь вам примадонной или занозой, доверьтесь своему чутью: я веду себя не как сотрудник школы Стерна, а как вольная птица — и это всех огорчает. Сейчас моя звезда горит ярко: я умею преподавать и укрепляю позиции бренда нашей школы, поэтому меня терпят. Но как только ценность моя уменьшится — а это всего лишь вопрос времени, — меня выбросят в один миг. Я и сам поступил бы так же.

СКОРЕЕ ВСЕГО, ВЫ НЕ МАРК ЦУКЕРБЕРГ

Потребности успешных предпринимателей не так уж сильно изменились в цифровую эпоху: перспективному стартапу нужно больше рабочих рук, а не говорящих голов; кроме того, очень важно иметь среди основателей или поблизости технического специалиста. Однако вы можете проверить себя, ответив на четыре вопроса:

1. Есть ли у вас средства для дальнейших инвестиций?
2. Способны ли вы пережить публичный провал?
3. Нравится ли вам продавать?
4. Готовы ли вы пойти на серьезный риск?

ЕСТЬ ЛИ У ВАС СРЕДСТВА ДЛЯ ДАЛЬНЕЙШИХ ИНВЕСТИЦИЙ?

Я знаком с людьми, которые обладают всеми необходимыми навыками для создания отличного бизнеса. Однако они никогда не сделают этого, потому что не могли бы ходить на работу только для того, чтобы в конце месяца в обмен на восемьдесят рабочих часов в неделю выписать компании чек.

Если вы не создали компанию и не довели ее до успешного выхода из бизнеса или у вас нет доступа к стартовому капиталу (а у большинства его нет, так как он обходится очень дорого), вам придется платить компании за право надрывать задницу, пока вы не сможете добыть деньги. А ведь большинству стартапов так и не удается собрать необходимые средства. В большинстве своем люди не способны понять, как можно работать без оплаты, и 99 с лишним процентов не станут рисковать своим капиталом ради удовольствия — работать.

СПОСОБНЫ ЛИ ВЫ ПЕРЕЖИТЬ ПУБЛИЧНЫЙ ПРОВАЛ?

Большинство неудач никому не заметны. Вы приходите к выводу, что юридический факультет не для вас — после того как провалились на вступительном экзамене; решаете проводить больше времени с детьми — после того как вас уволили, или работать над «проектами» — если вам не удается найти работу. Однако провал в бизнесе скрыть невозможно. Раз вы выдающийся человек, значит, и ваш бизнес должен быть успешным, неправда ли? Однако это не так, и, когда замысел проваливается, вы словно оказываетесь снова в начальной школе, где шестиклассник (рынок) смеется над вами, потому что вы обмочили штаны. Только на этот раз все гораздо серьезнее.

НРАВИТСЯ ЛИ ВАМ ПРОДАВАТЬ?

Быть предпринимателем означает продавать. Вы уговариваете людей поступить на работу в вашу компанию, убеждаете их остаться в ней, пытаетесь привлечь инвесторов и, конечно же, продаете свой продукт. Не имеет значения, чем вы намерены заняться — открыть магазинчик на углу или создать свой Pinterest, в любом случае вы должны быть чертовски хороши в продажах, если планируете заниматься бизнесом. Продавать — значит звонить людям, которые не хотят вас слышать, делать вид, что они вам нравятся, терпеть плохое обращение, а затем звонить им снова. Я вряд ли открою еще один бизнес, поскольку у меня слишком большое эго для того, чтобы заниматься продажами. Без всяких на то оснований я верю в то, что благодаря коллективному гению L2 наш продукт будет продавать себя сам — и порой так действительно происходит. Должен же быть такой продукт, который не потребует от вас унижаться снова и снова! Нет, такого продукта не существует.

Компания Google придумала алгоритм, способный ответить на любой вопрос и обнаружить тех, кто открыто проявил интерес к вашему продукту. Он прорекламирует этим людям тот самый продукт в самый подходящий момент. Тем не менее и Google приходится нанимать тысячи привлекательных молодых людей со средним IQ и исключительным EQ, чтобы продать всю эту ерунду — от Google. Предпринимательство — это работа в продажах с отрицательными комиссионными до тех пор, пока вы не привлечете капитал, не начнете получать прибыль или не выйдете из бизнеса. Всё зависит от того, как пойдут дела.

К счастью, если вам нравится продавать и вы хороши в этом деле, то в зависимости от своего усердия непременно заработаете больше, чем любой из ваших коллег, — и вас за это будут ненавидеть.

ГОТОВЫ ЛИ ВЫ ПОЙТИ НА СЕРЬЕЗНЫЙ РИСК?

Добиться успеха в крупной компании непросто, для этого необходимы уникальные навыки и качества. Вы должны ладить с окружающими, постоянно терпеть несправедливость, а также разбираться во внутрикорпоративных интригах, добиваясь того, чтобы главные заинтересованные лица обращали внимание на хорошо выполненную вами работу, а также просить поддержки высшего руководства. Итак, если вы способны работать в крупной компании, то с учетом риска вам лучше выбрать именно такую стратегию поведения, вместо того чтобы с трудом преодолевать разные препятствия, возникающие в небольшой компании. В моем случае предпринимательство было средством для выживания, поскольку у меня не было навыков, необходимых для продвижения и успеха в крупных американских компаниях — этих величайших платформах экономического процветания.

Наслушавшись многочисленных, широко разрекламированных историй о миллиардерах, отчисленных в свое время из колледжа, мы стали идеализировать предпринимательство. Задайте перечисленные выше вопросы себе и тем, кому доверяете, и, если получите утвердительный ответ на первые два вопроса, притом что не обладаете нужными качествами для работы в корпорации, добро пожаловать в клетку с бешеными обезьянами.

КОГДА ИСКАТЬ УБЕЖИЩЕ

В 1999 году вместе с ватагой других основателей и CEO интернет-компаний из Сан-Франциско я отправился на летное поле рассматривать частные самолеты. В то время считалось, что в тридцать четыре года успешный предприниматель должен иметь такую однокомнатную квартиру, которая перевозила бы его по воздуху со скоростью восемь махов, — ведь (теоретически) гений может себе позволить потратить на «Гольфстрим» мамину зарплату за тысячу лет.

Если увидите группу мудаков тридцати с небольшим лет, рассматривающую самолеты, полагая, что это для них в порядке вещей, знайте: дело — дрянь. А неоперившимся хозяевам мира вот-вот надерут задницу, что и произошло на самом деле. Самолет я так и не купил, но получил льготный статус Mosaic в авиакомпании JetBlue.

По утверждению CEO JPMorgan Chase Джейми Даймона, финансовый кризис наступает каждые 5–7 лет[11]. Со времени последней рецессии прошло одиннадцать. С возрастом, обретая способность воспринимать циклы как нечто реальное, начинаешь осознавать, что текущий экономический период всего лишь точка на кривой и ее направление изменится быстрее, чем вы думаете, — в лучшую или в худшую сторону.

Пузырь активов представляет собой волну оптимизма, которая поднимает цены выше уровня, обеспеченного основополагающими факторами, что в конце концов приводит к обвалу[12]. В 1999 году я пообещал себе в следующий раз быть умнее, а «следующий раз» означает накануне взрыва пузыря или в преддверии экономического спада.

Как же определить, когда наступает опасное время и следует вносить коррективы в свое поведение? Можно ориентироваться на ряд «железных» показателей, которые объясняют, почему пузырь уже раздулся до невероятного размера[13]. На размышления об этих факторах мои университетские коллеги тратят много времени, а уж они-то разбираются в этом гораздо лучше меня. Однако не нужно быть лауреатом Нобелевской премии, чтобы провести аналогии между 1999 и 2019 годом[14]. Некоторые слабые сигналы кричат об этом очень даже громко.

ПРИЗНАКИ ТОГО, ЧТО РЫНОК ИЛИ КОМПАНИЯ ВСКОРЕ ПОКАТЯТСЯ ВНИЗ

— **Показатели, связанные с оценкой рыночной стоимости, отношение курса акций к прибыли и образование пузырей на рынке кредитования — это явный признак того, что канарейки в шахте сдохли*.** Сет Кларман, менеджер

* Раньше шахтеры брали в шахты канареек для обнаружения наличия газа. Эти птицы очень чувствительны к газам и быстро погибают от их воздействия. *Прим. ред.*

чрезвычайно успешного хедж-фонда, о котором никто не слышал, не так давно предостерег всех, что слишком сладкие стимулы в сочетании с высоким холестерином протекционизма ни к чему хорошему не приведут.

— **Когда страны и компании строят грандиозные здания, нужно ждать беды.** Офисное здание Pan Am, Sears Tower и остальные гигантские «пенисы», воткнутые в мать-землю в странах с развивающимися рынками, — это не что иное, как многомиллиардные поделки самовлюбленных толстосумов. Может быть, кому-то эти башни и могут показаться хорошей идеей, на самом деле это безвкусица.

— **В компаниях канареек обычно обрекает на смерть раздутое эго CEO.** Самые громкие сигналы к продаже раздаются тогда, когда CEO начинает изображать из себя голливудскую звезду или приходит к выводу, что мир не должен страдать от его отсутствия на модных обложках и в рекламе. Основатель компании Tumblr Дэвид Карп, появившись в рекламе J. Crew, и сооснователь социальных сетей Dodgeball и Foursquare Деннис Кроули, снявшись для Gap, должны признаться нам в том, что вскоре их компании станут лишь тенью своей былой славы, что, конечно же, отразится на их рыночной стоимости. Биографический очерк из трех тысяч слов о Мариссе Майер, опубликованный в сентябрьском выпуске Vogue примерно в то время, когда она потратила три миллиона долларов акционеров на финансирование организованного журналом бала Met Ball, — признак неспособности здраво мыслить. Все это может привести к тому, что очередной миллиард долларов акционеров вы потратите на покупку блог-платформы (Tumblr) у парня, снявшегося в рекламе J. Crew, а затем обнаружите, что деньги пошли на раскрутку порносайта, почти не приносящего дохода.

— **Стиль одежды CEO тоже весьма красноречив.** Когда какой-нибудь CEO появляется на сцене в черной водолазке («Я следующий Стив Джобс»), скорее всего, это говорит не о том, что перед вами реинкарнация Джобса, а о том, что акции его компании вот-вот обвалятся (Джек Дорси) или что Управление по санитарному надзору за качеством пищевых продуктов и медикаментов лишит вас прав на собственные лаборатории (Элизабет Холмс).

— **Посредственные способности + два года опыта работы в области технологий = шестизначный доход.** Заурядные молодые люди, умеющие программировать, хотя всего несколько лет назад выпорхнули из школы, зарабатывают на этом рынке более 100 тысяч долларов[15]. Хуже того, они убеждены, что заслуживают таких денег. Умение писать программы — это круто! Однако если у вас нет профессиональных навыков или лидерских способностей и вы не осознаете, что вам переплачивают, то не накопите достаточно средств, чтобы избежать поселения в подвале родительского дома в случае ухудшения ситуации.

— **Аукционная война за коммерческую недвижимость.** Вооружившись дешевым капиталом, компании, которые инвесторы считают новыми Google, скитаются по улицам Нью-Йорка и Сан-Франциско, взвинчивая цены на коммерческую недвижимость. Кроме того, они конкурируют с четверкой крупнейших игроков в отрасли — Amazon, Apple, Facebook и Google[16], — ведь те скупают в Нью-Йорке целые кварталы[17].

— **Всеобщее преклонение перед молодежью.** Как-то раз, когда мне было тридцать два, меня пригласили на ежегодное заседание Всемирного экономического форума в Давосе, поскольку в это время интернет-предприниматели были хозяевами мира[18]. Там я встретился с несколькими

CEO — они хотели, чтобы я поделился с ними своими бизнес-идеями. Почему-то им казалось, что они у меня есть. Однако они ошибались. Талантлив я был в меру и в любое другое время зарабатывал бы разве что на достойную жизнь. Но тогда я был великим магистром джедаев Йодой, который учил более талантливых предпринимателей тому, что должны делать их компании. После того как дот-бомба взорвалась (тогда мне стукнуло тридцать четыре), я вернулся в Давос, где меня не могли арестовать. Но уже никто не хотел встречаться со мной.

В тяжелые времена люди рассчитывают на лидерство седовласых. В хорошие — или когда всё вокруг «пенится» — они обращают взор на молодежь. Невероятно талантливые Эван Шпигель, создатель мессенджера Snapchat, и Джек Дорси, CEO Twitter, создали компании стоимостью сотни миллионов долларов, может, даже миллиарды, но не десятки миллиардов. Snap, WeWork, Uber, Twitter (совокупная стоимость этих компаний превышает стоимость Boeing) управляют талантливые молодые люди; в следующей жизни они станут вице-президентами (оптимистичная перспектива) и будут по-настоящему благодарны за то, что имеют. Судя по моему опыту двадцатилетнего в прошлом CEO компании в новой экономике, ценнейший актив молодого CEO — это быть настолько наивным, что не предполагать возможность провала. Молодые руководители стартапов следуют по бездумному пути и порой становятся гениями. Однако большинству из них просто не хватает опыта, чтобы управлять компаниями, от которых зависят средства к существованию сотен или тысяч семей.

Если технологический бум продолжит набирать обороты, то в течение следующего десятилетия какой-нибудь подросток станет основателем или CEO технологической компании стоимостью в миллиард долларов. Это не так уж невероятно! И тогда мы окажемся на грани экономического апокалипсиса. Такой юнец носит водолазку, обращается с сотрудниками как с мусором и козыряет своими тату, кольцом в носу и другими атрибутами молодости, а общество считает его новым Иисусом Христом. Сегодня мы все поклоняемся инновациям и молодости, а не характеру и доброте.

ЧТО ДЕЛАТЬ, ЕСЛИ ВАМ КАЖЕТСЯ, ЧТО ВЫ В ПУЗЫРЕ

Я основал (или был одним из основателей) девяти компаний. Какой фактор больше всего повлиял на их успех или провал, спросите вы. На мой взгляд, время создания. Успешные компании открылись в период выхода экономики из рецессии — в 1992-м и 2009-м. Тогда сотрудники, аренда недвижимости и услуги обходились гораздо дешевле. Мой директор по стратегиям L2 присоединилась к нам в 2009 году и стала секретным ингредиентом нашего успеха. Из-за спада на рынке консалтинговая компания, куда она хотела устроиться, тянула с ответом, поэтому она согласилась работать у нас за 10 долларов в час — в тот момент это было единственное предложение. Обратите внимание: сейчас она зарабатывает намного больше.

Созданные в период бурного экономического роста (в 1998 и 2006 годах) предприятия едва сводили концы с концами. Специалисты, которых наши компании смогли привлечь во времена бума, были довольно заурядными, поскольку самые талантливые делали карьеру в других организациях. Кроме того, дешевый капитал был своего рода галлюциногеном для жизнеспособности наших продуктов на рынке. Если вы талантливы, то в период бума вам следует держаться за крупную компанию, которая считает, что вы уйдете в Squarespace, если она будет мало платить. Стартапы и любые другие компании должны привлекать деньги так, будто какое-то время у них не будет такой возможности. Если вам нужен миллион долларов, найдите 5 миллионов. В общем, привлекайте деньги тогда, когда они вам не нужны. Не поступайте в школу бизнеса (кроме той, что при Нью-Йоркском университете, конечно), поскольку эти учебные заведения стали достоянием элиты и людей без цели — местом, где можно скрыться от рецессии. Если вы успешно трудитесь в хорошей компании на пике экономики, пусть все так и остается.

Нам еще предстоит увидеть развитие событий, но если вы подозреваете, что кризис уже не за горами, предлагаю вам несколько идей.

НУЖНО ЗНАТЬ, КОГДА ПРОДАВАТЬ

В 2017 году, убедившись в том, что пузырь вот-вот лопнет, я продал все — во всяком случае активы, которыми не рассчитывал или не хотел владеть по меньшей мере лет десять. Если вы молоды, ваши деньги могут пережить резкие колебания на рынке — хоть и трудно угадать правильный момент. Но если вы предприниматель или владеете активами, составляющими бóльшую часть вашего состояния, то, на мой взгляд, бычий рынок хоть и не лучшее время для продажи, но почти наверняка и не худшее.

Мы продали L2 в 2017 году. Я верил в перспективы компании, но динамика рынка перевесила индивидуальные показатели. Восемь лет компания работала на бычьем рынке, и что-то должно было измениться — и очень скоро.

Несмотря на получившие широкую известность примеры того, как некоторые заработали миллиарды долларов за счет огромной концентрации богатства — взять хоть Безоса, Гейтса и Цукерберга, — исходить стоит из того, что вы не станете одним из них. Последуйте одной из азбучных истин инвестирования и накопления богатства: диверсифицируйте. Если вам посчастливилось иметь один актив, будь то акции или дом, стоимость которого выросла настолько сильно, что теперь составляет львиную долю вашего богатства, сделайте как можно бóльшую его часть ликвидной. Если же вам настоятельно рекомендуют не продавать, спросите себя, богаты ли ваши советчики (члены совета директоров, инвесторы, участники рынка), — и если да, не слушайте их. В большинстве случаев, когда один из моих активов повышался в цене (обычно это были акции одной из моих компаний) без обеспечения ликвидности, в игру вступал рынок и посредством резкого сокращения ее стоимости осуществлял диверсификацию за меня. **Вы сами**, а не рынок, должны быть арбитром в деле диверсификации своих активов.

НАЛИЧНЫЕ

Восемьдесят процентов моих средств содержатся в денежной форме — большинство здравомыслящих финансовых менеджеров сочли бы это глупым. Но даже если так, мой подход далек от рекордных глупостей, которые я совершил — например, тогда, когда в тридцать два года отказался продать за 55 миллионов долларов свою первую компанию, приносившую 4 миллиона долларов дохода, — вкладывая все свои средства в акции технологических компаний и совершая другие подобные безрассудства. Вот такто! После того как лопался очередной мыльный пузырь, хотелось, чтобы у меня было побольше «сухого пороха», поскольку на рынке происходило нечто противоположное тому, что случилось со Snap*. Хорошие компании имели низкую стоимость: акции Williams-Sonoma продавались по 5 долларов за акцию, Apple — по 12 долларов и так далее. Я готов отказаться от части прибыли, поскольку очень хочу оказаться на правильной стороне улицы, когда наступит следующий спад.

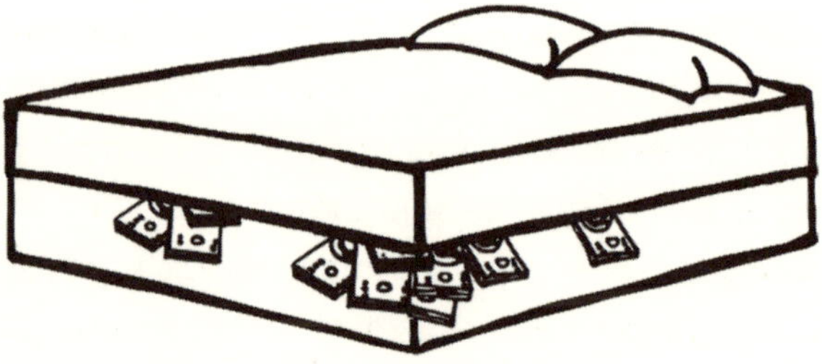

Проницательные финансовые консультанты скажут вам, что необходимо всегда присутствовать на рынке. Но я не могу на такое решиться: мои деньги отправляются под матрас.

---

* В марте 2017 года компания Snap разместила свои акции на Нью-Йоркской фондовой бирже по цене 17 долларов за штуку. На старте торгов оценка компании достигла примерно 33 миллиардов долларов. *Прим. ред.*

БУДЬТЕ СКРОМНЫ

Когда дела действительно идут хорошо, очень важно осознавать, что во многом это не ваша заслуга: вас просто захватил экономический бум. Скромность заставит вас жить по средствам, а значит, вы будете готовы и финансово, и психологически к любой карте, что выпадет вам в следующей игре. На новом витке цикла, который непременно наступит, вы снова найдете утешение в том, что вашей вины в этом нет и вы не глупец, которым рынок заставляет вас себя чувствовать.

ИЗМЕРЯЙТЕ САМОЕ ВАЖНОЕ

Проверять себя — инстинктивная человеческая потребность. Значимые для нас критерии оценки — это своего рода рельсы, по которым едет поезд наших намерений, действий и ценностей. В мозг любого человека встроен внутренний гаджет, скажем Fitbit или Apple Watch, по которому он сверяет, достиг ли определенного успеха в различных областях жизни. Показатели успеха, а также те числа, которые играют в вашей жизни важную роль, многое расскажут о вас. Так, я не перестаю думать о таких хороших, плохих и ужасных показателях:

Чистая стоимость активов. Я много думаю о деньгах. Может быть, это звучит ужасно. Когда у меня было мало денег, я не следил за ними. И даже сейчас, когда мне известно, что активы в моем портфеле упали в цене, я не проверяю свои брокерские счета по несколько дней, поскольку не хочу расстраиваться. Я-то знаю, что курс акций восстановится, ведь так бывает почти всегда. Как и во многих сферах жизни, прибыли и убытки на рынке никогда не бывают настолько хорошими или плохими, насколько кажется. Я предпочел бы работать с фондом прямых инвестиций или венчурного капитала, а не с хедж-фондом, поскольку каждый день отслеживать показатели — большой стресс.

Богатые люди утверждают, что они не слишком много думают о деньгах. Это вранье — они одержимы деньгами. Идея о том, что богатые не думают о деньгах, обсуждается для отвода глаз, это просто попытка подавить недовольство, или, иначе говоря, восстание, 3,5 миллиарда человек, у которых меньше активов, чем у двенадцати богатейших людей на свете. Неужели они разбогатели только потому, что так великодушны и талантливы («Черт, я богат!»)? Как я уже говорил, те, кто советует вам следовать за мечтой, уже богаты. Они упорно шли по своему пути, будучи одержимыми успехом. Они хотят, чтобы их слова звучали вдохновляюще, и произносят эффектные фразы, поскольку истина, которая гласит, что для достижения успеха необходимо несколько десятков лет трудиться по 60–80 часов в неделю, не заслужит аплодисментов на церемонии вручения дипломов.

Все богачи, с которыми я знаком, измеряют чистую стоимость своих активов с пугающей точностью — и делают это часто. Необходимо уметь быстро реагировать, иначе можно многое потерять. В капиталистическом обществе от того, каким количеством денег вы владеете, зависит эффективность медицинского обслуживания, уют в доме, гармония в отношениях и качество образования ваших детей.

580. Когда мне было под тридцать, после окончания колледжа у меня возникли трудности с получением ипотечного кредита на первый дом, поскольку мой кредитный рейтинг составлял 580 баллов. Дело было не в том, что я не зарабатывал, просто я был слишком безответственным (незрелым, глупым), чтобы вовремя оплачивать счета. У меня всегда было такое чувство, что над моей головой висит большой знак «580».

120 тысяч и 350 тысяч. Таким когда-то было количество моих подписчиков в Twitter и просмотров серии Winners & Losers на YouTube соответственно. (В конце 2018 года мы решили прекратить выпуск W&L.) У меня нет зависимости от социальных медиа, и я от них не в особом восторге, но я пристрастился к отзывам и подтверждению собственной значимости. Несколько раз в день я читаю комментарии и проверяю лайки и ретвиты. Это своего рода дофаминовая капельница у меня в кармане.

Два раза в год. Мой отец умирает. Нет никакой прямой опасности, но ему исполнилось восемьдесят восемь и, в общем-то, его конец скорее близко, чем далеко. Последние пять лет я виделся с отцом максимум два раза в год. Я стараюсь не думать об этом, поскольку изо всех сил пытаюсь сделать его жизнь более комфортной и звоню ему каждое воскресенье. Тем не менее честная оценка раскрывает горькую правду: я не такой хороший сын, каким хотел бы быть.

400. Последние пятнадцать лет я обучал в среднем по четыре сотни студентов в год. Мне нравятся эти ребята; они (в основном) тоже меня любят, так как чувствуют, что я приношу им пользу. Некоторые из них регулярно связываются со мной и выражают благодарность и восхищение, что позволяет мне ощущать свою востребованность.

3, 4 и 2. Я создал девять компаний: три оказались успешными, четыре потерпели провал и две были примерно посредине. Я считаю, что, кроме Соединенных Штатов Америки, больше нигде не дали бы мне столько шансов.

Эталоны, показатели и вехи бывают разными — от бессмысленных до очень глубоких. Ответственность и проницательность — это побочный эффект занятий математикой. Числа помогают глубже понять, как устроены рынки, как создается ценность, как мы хотим прожить жизнь. Словом, полезно уметь анализировать показатели нашей жизни. Да, и мне нужно навестить отца.

ПРОВЕДИТЕ РАЗЛИЧИЕ МЕЖДУ ЦЕЛЯМИ И СРЕДСТВАМИ

Когда я учился на первом курсе Калифорнийского университета в Лос-Анджелесе, Дэвид Кэри был на последнем курсе. Мы состояли в одном братстве и знали друг друга, но, будучи слишком разными людьми, не дружили. Дэвид поддерживал серьезные отношения с девушкой по имени Лори и издавал студенческую газету Daily Bruin. Он носил большие очки и выглядел на сорок. Я был слишком незрел, чтобы заводить серьезные отношения, носил хвост, курил травку и занимался греблей. Сегодня, тридцать лет спустя, Дэвид женат на Лори, управляет журнальным бизнесом медиаконгломерата Hearst, носит большие очки и выглядит на сорок. Я по-прежнему курю травку, хоть и стал совершенно другим человеком. Дэвид изменился меньше, чем любой из моих знакомых, причем в хорошем смысле.

В двадцать с небольшим я знал о профессиональных успехах Дэвида, поскольку в разговорах между университетскими друзьями неизбежно всплывает вопрос, кто из наших преуспел. Дэвид всегда входил в этот список. Он был одним из самых молодых издателей в сфере бизнеса — помните журнал SmartMoney? Затем Дэвид занимал высокие посты в издательстве Condé Nast, в том числе должность издателя журнала The New Yorker — тогда ему было немногим больше тридцати. Он регулярно связывался со мной и предлагал пообедать в Condé Nast, и мы отправлялись в спроектированное Фрэнком Гери кафе и ели суши среди невероятно стильных молодых людей, чьи родители открыли им доступ в мир моды. Будущий главный редактор американского Vogue Анна Винтур часто сидела в угловой кабинке вместе с наследником медиабизнеса Сэмюэлем Ньюхаусом — младшим. В то время я открывал технологические компании в Сан-Франциско и меня окружали люди, находясь с которыми, было тяжело дышать свободно. Но я приехал в Нью-Йорк пообедать рядом с дьяволом, который носит Prada. Этот опыт был для меня не просто значимым, а фантастическим. Взамен, когда мои венчурные капиталисты начинали твердить о построении бренда, я переплачивал за рекламу на страницах в журналах The New Yorker и InStyle. Однажды во время обеда в том кафе я решил переехать в Нью-Йорк.

После ухода из Condé Nast Дэвид приглашал меня пообедать на пятьдесят пятом этаже Hearst Tower, в частном зале на двоих, где официант в костюме приносил нам выпечку из слоеного теста, которой славится компания. К тому времени я уже преподавал в Нью-Йоркском университете и не мог предложить Дэвиду ничего интересного в профессиональном плане. Однако мы подружились, а Дэвид придерживался такого кодекса поведения, который включал в себя правило регулярно поддерживать контакты с друзьями. Сейчас наши профессиональные интересы почти не пересекаются. Хотя я написал статью для Esquire — то была его идея[19], — мы не работаем вместе.

Тем не менее мы стали ближе, главным образом благодаря тому, чего не понимали в восемнадцать лет или в двадцать два года, но осознали с возрастом. Мы оба выходцы из семей среднего класса, живших в Лос-Анджелесе. Щедрость налогоплательщиков Калифорнии и дальновидность членов попечительского совета Калифорнийского университета — все это возвысило нас в собственных и чужих глазах и позволило ощутить востребованность и получать глубокое внутреннее удовлетворение от жизни.

В 2018 году Дэвид объявил, что покидает пост президента Hearst Magazines. Во время последнего обеда он поделился со мной планами своего ухода. Я не видел в этом смысла, поскольку Дэвид все еще относительно молод и на хорошем счету в Hearst; эта крупная компания замечательно относится к сотрудникам. Я предложил Дэвиду остаться, поскольку он «дошел до третьей базы», а значит, ему следовало бы занимать эту должность еще несколько лет. В тот раз я впервые ощутил, как от него исходит не поддающаяся контролю эмоция (обычно он тверд как скала). Дэвид ответил: «Я хочу помогать молодым людям, и мне надоело увольнять друзей».

Легко заслужить всеобщее восхищение, будучи топ-менеджером компании из отрасли, растущей на 50 процентов в год. Уйти из печатных СМИ, сохранив друзей и репутацию, равносильно победе в Бостонском марафоне, когда у вас температура сорок градусов.

Для меня Дэвид пример для подражания. И причина не в его профессиональном успехе: я знаком со многими весьма успешными людьми. Просто он никогда не забывал о главном — как нередко поступал я сам и многие другие амбициозные молодые люди в какой-то момент жизни.

Профессиональный успех — средство, а не цель. Конечная цель — это обеспеченность и процветание вашей семьи и, что еще важнее, полноценные отношения с домочадцами и друзьями. Дэвид женат на Лори больше тридцати лет, и у них четверо потрясающих детей; они всегда (всегда!) рядом с отцом и обожают его. У него есть друзья, которые восхищаются им и чувствуют такое же восхищение с его стороны.

В профессиональном плане мы оказались в одинаковом положении — тут я великодушен по отношению к себе. Мой карьерный рост поддерживался Калифорнийским университетом, тяжелым трудом и готовностью к риску. Восхождение Дэвида зависело от Калифорнийского университета, тяжелого труда и характера.

УЧИТЕСЬ НА ОТКАЗАХ

В средней школе я баллотировался на пост президента в десятом, одиннадцатом и выпускном классах — и проиграл все три раза. С учетом этого опыта должно быть очевидно, что я чувствовал себя обязанным стать президентом студенческого совета. Так я и сделал. И что вы думаете, снова проиграл! Кроме того, меня не взяли ни в бейсбольную, ни в баскетбольную команду. Помню, как мы с мамой шли в ресторан на бульваре Сепульведы, чтобы отметить мое зачисление в Калифорнийский университет (хотя в первый раз мне отказали).

По приезде в университетский городок я сразу же подал заявления в пять разных братств и был принят в одно из них, поскольку им требовался человек для сбора членских взносов. По окончании учебы я прошел собеседования в двадцати двух компаниях и получил одно предложение — от Morgan Stanley.

Подав заявления о зачислении на несколько программ MBA, я получил отказ от Стэнфордского университета, Университета штата Индиана, Школы бизнеса Уортона, Университета Дьюка, Техасского университета в Остине и Школы менеджмента Келлога. Меня приняли в Калифорнийский университет в Лос-Анджелесе и Школу бизнеса Хааса в Беркли благодаря тому же призыву, с которым я впервые обратился к Калифорнийскому университету: «Я ничем не примечательный парень, но я ваш [калифорнийский] ничем не примечательный парень».

В школе бизнеса я баллотировался на пост президента группы и проиграл. С момента ее окончания я открыл девять компаний. Большинство из них потерпели провал.

УДАЧА ЗАВИСИТ ОТ ХРАБРОСТИ

Распивание алкогольных напитков доставляет мне удовольствие. Это занятие также послужило полезной эволюционной цели, существенно увеличив круг моих потенциальных друзей и подруг. В социальных ситуациях «алкомоголь» был своего рода высокопрочным кевларом, защищающим от отказа. После двух рюмок я становлюсь лучше: веселее, ласковее, увереннее в себе, увлеченнее, милее — в общем, лучше себя обычного. (Жду не дождусь осуждающих писем по этому поводу.) Помню, плавая в бассейне отеля Raleigh в Майами-Бич, я увидел женщину и тут же почувствовал к ней невероятно сильное влечение. Я дал себе слово поговорить с ней до ухода и сразу же заказал выпивку — чем совсем не горжусь. Просить денег у венчурных капиталистов — ничто по сравнению с тем, чтобы посреди дня подойти к женщине, отдыхающей у бассейна с подругой и приятелем. Студентам я говорю, что с ними никогда не произойдет ничего замечательного или потрясающего, если они не будут готовы рискнуть и испытать вероятность отказа. Удача любит смелых.

Моя готовность получить отказ от университетов, сверстников, инвесторов и женщин окупилась сторицей. Знать, чего вы хотите, — это дар, а страх отказа преграждает путь к успеху больше, чем отсутствие таланта или рынка. Каждый день рискуйте хоть в чем-то — просите о повышении, знакомьтесь с гостями вечеринки, — и вам станет под силу многое.

Второе имя моего старшего сына — Рейли.

ЕСЛИ НЕ МОЖЕТЕ РАБОТАТЬ ПО НАЙМУ, РАБОТАЙТЕ НА СЕБЯ

Наемный работник — это человек, нанятый в компанию для регулярного предоставления услуг в обмен на заработную плату.

В настоящее время я работаю на компанию Gartner, которая купила L2. Вопреки моим ожиданиям, это оказалось не так мучительно, хоть и довольно тяжело, поскольку здесь трудятся хорошие умные люди. В последний раз я работал по найму двадцать пять лет назад в Morgan Stanley. То была моя первая работа после окончания университета. Позднее я трудился неполный рабочий день во многих местах, но ни в одном не получал медицинской страховки, поэтому никто не ждал, что я стану частью компании. Работа по найму за заработную плату — основа капитализма, и с этим американцы прекрасно справляются. Во всяком случае, большинство из них.

Предпринимательские навыки и качества — дальновидность, готовность рисковать, твердость характера — превозносятся в СМИ каждый день. Однако мало кто говорит, что нужно для того, чтобы быть хорошим сотрудником. У меня таких навыков мало. Люди думают, что раз я предприниматель, то обладаю выдающимися способностями, которые не стоит тратить на наемный труд. На самом деле больше 90 процентов предпринимателей открывают собственные компании не потому, что они сильны в построении бизнеса, а потому, что у них не получается быть эффективными сотрудниками. А ведь это лучшая участь, чем заниматься бизнесом, если не учитывать риска попасть в хорошую или превосходную компанию. Об этом тоже не говорят СМИ, одержимые всем инновационным.

Вот некоторые из этих качеств:

1. **Быть взрослым.** Да, ужасно быть взрослым и делать то, что совсем не хочется делать, или заниматься чем-то бессмысленным. Что разумного в том, чтобы ездить на работу и обратно, когда на дороге пробки, и ходить на совещания, не имеющие отношения к вашей работе? Тем не менее за это платят, и, будем надеяться, этих денег хватает на то, чтобы оплатить удаление подозрительной родинки. Быть взрослым — значит осознавать, что не все в этом мире вертится вокруг вас.

   При работе на себя почти все, что вы делаете, предназначено для вас. В этом случае в действиях есть резон, поскольку вы сами несете за них ответственность. Вчера по приходе в офис мы нашли на рабочих столах календари с вдохновляющими цитатами на каждый месяц. Оказывается, в январе мы должны «открывать, учиться и развиваться». Ну что ж, будем знать! На мой взгляд, такие фокусы, как размещение вдохновляющих цитат на рабочем месте, можно расценивать как насилие над сотрудниками. А вот писать об этом полезно.

2. **Вежливость.** Поскольку в большинстве случаев предприниматели отвечают за все, люди идеализируют мою прямоту как качество бизнесмена, относя ее на счет дальновидности и лидерства. Однако выражать гнев и критиковать, говорить прямо то, что думаешь, сотруднику компании неуместно, поскольку быть правым и быть эффективным — разные вещи. Наемные работники должны быть способны и на то и на другое. Кроме того, они обязаны чувствовать себя частью команды и помогать друг другу.
   Покажите мне самого большого грубияна в небольшой или средней компании — обычно этот человек стоит в ее главе. Топ-менеджер крупной компании не может вести себя так бесцеремонно, поскольку при таких масштабах «откровенность» неэффективна. Небольшие компании преуспевают благодаря тяжелому труду 6–12 крайне нетерпеливых игроков высочайшего класса. Крупные компании процветают за счет сотен или тысяч игроков классом ниже с хорошими манерами.

3. **Уверенность в себе.** Работа на других означает жизнь в неведении. Вы часто обнаруживаете, что не можете истолковать вербальные или невербальные сигналы или критику в свой адрес, если уж на то пошло. Вам неизвестно, что запланировали (или не запланировали) для вас люди, от которых зависит ваше материальное благополучие.
   После окончания колледжа я был совершенно не уверен в себе — сейчас я просто в себе не уверен. Каждый раз, когда люди заходили в конференц-зал, мне казалось, что они говорят обо мне. Это была не дальновидность, а просто неуверенность в себе, она-то и заставила меня стать предпринимателем.

Сейчас, когда я работаю в компании Gartner, на мою долю выпадает лишь часть той ерунды, которой занимается большинство наемных работников, и я отношусь к этому по-философски. Не знаю, боятся ли меня в компании, понятия не имеют, что со мной делать, или им просто на меня наплевать, — в большинстве случаев меня предоставляют самому себе и оказывают всяческую поддержку. Мне непривычно быть сотрудником, не иметь подчиненных в компании, которую я же и основал, и, подобно всем остальным, узнавать о ее планах по электронной почте. Так что в этом смысле я дрейфую в космическом пространстве. Хороший, дорогой костюм, восхищение людей, красивый вид из окна (вот он, успех!), но я больше не привязан к кораблю-носителю. Неуверенность в себе снова дает о себе знать. **Создаю ли я какую-то ценность? Что я здесь делаю? Нравлюсь ли я им?**

НЕЙМЕТ

Самая приятная часть моей работы — выслушивать молодых людей, которые мне доверяют, обращаются за советом по поводу следующего шага в карьере или других профессиональных вопросов. В этом возрасте некоторые ребята, как я их называю, становятся взрослыми, поэтому вас начинает беспокоить их благополучие. Взаимодействие с ними приносит мне удовлетворение, поскольку позволяет утолить родительский инстинкт, который проявляется с возрастом.

Я своего рода квотербек Джо Неймет во время тренировки Jets. С уважением относясь к моему творению, все хотят встретиться и поговорить со мной. Однако меня беспокоит то, что вскоре я могу стать дебоширом по прозвищу Бродвей Джо и все будут пытаться найти вежливый и наименее неловкий способ попросить меня покинуть здание. Такой поворот не за горами. Но до тех пор я работаю в компании.

БУДЬТЕ ПРИМЕРОМ ДЛЯ ПОДРАЖАНИЯ

В младшей и средней школе я был невидимкой.

Во втором классе я рос единственным ребенком в обычной семье; мой отец был вице-президентом компании International Telegraph and Telegram (ITT), а мать секретаршей. Мы жили в Лагуна-Нигел, в доме с видом на Тихий океан. Но потом я стал сыном матери в разводе (она так и осталась секретаршей), и мы переехали в кондоминиум в Вествуде. В третьем классе меня и Дебби Брубейкер отправили в пятый класс изучать математику и английский. А в восьмом классе я не справлялся с исчислением, поэтому учитель посоветовал перевести меня в класс с изучением алгебры по программе более низкого курса.

В четвертом классе меня взяли в бейсбольную команду питчером и шортстопом. В восьмом классе я начал стремительно расти, не набирая вес, из-за чего мой рост был как у тринадцатилетнего, а сила и координация девятилетнего ребенка. Теперь я учился в более крупной смешанной школе. Подростком я в прыжке мог забросить мяч в корзину. Двух моих лучших друзей родители забрали из нашей школы имени Эмерсона, решив, что десегрегированная школа — неподходящее место для их детей, и перевели в частные учебные заведения.

По мере взросления я превращался из необыкновенного в необыкновенно обыкновенного подростка. Никаких особых успехов, мало друзей, никакого чувства собственного «я». Невидимка.

Друг моей матери Рэнди жил в Рино и владел компанией — поставщиком для ресторанов. Он был богат — или казался таким. Более того, он был щедр и интересовался благополучием сына своей подруги. Рэнди проводил с нами каждый второй уик-энд. Мама и ее друг всегда брали меня с собой в путешествия, именно он купил мой первый красивый скейтборд Bahne. Рэнди оплачивал ипотеку за нашу квартиру в кондоминиуме, которую мама, будучи секретаршей, не могла себе позволить. Он делал нашу жизнь заметно лучше. Правда, Рэнди был женат и у него был свой сын школьного возраста, но это совсем другая история.

Однажды в воскресенье вечером, когда Рэнди готовился к отъезду, я спросил его об акциях. Накануне я слышал, как ведущий местных новостей Джерри Данфи рассказывал о фондовом рынке. Пока я смотрел, как Рэнди сворачивает свитера и укладывает свои потрясающие туалетные принадлежности в кожаный несессер (одеколон English Leather, крем для бритья Barbasol и лосьон после бритья Skin Bracer... от Mennen), он кратко рассказал мне о рынках. Приехало такси, и я отнес дорожную сумку Рэнди вниз. Он остановился возле обеденного стола, достал кошелек, положил две хрустящие стодолларовые купюры на стол и сказал: «Купи немного акций у самых хороших брокеров в городе». Я спросил, как мне это сделать. «Ты достаточно умен, чтобы разобраться самостоятельно. А если не сделаешь этого до моего возвращения, я хочу получить свои деньги назад». Раньше я никогда не видел стодолларовые купюры.

Я положил деньги под том «Британской энциклопедии», а на следующий день, взяв их, отправился в здание на углу бульваров Вествуд и Уилшир, где находился офис инвестиционной компании Merrill Lynch, Pierce, Fenner & Smith. Я сел в приемной и — стал невидимкой. Никто не вел себя со мной недружелюбно или заносчиво, просто на меня не обращали внимания. Мне стало не по себе, хоть я и был невидимым. Я вышел и отправился через дорогу в офис Dean Witter Reynolds. Женщина в крупной блестящей бижутерии спросила, может ли она мне помочь, и я ответил, что пришел купить акции. Она замерла. Мне снова стало неловко, и я выпалил: «У меня есть две сотни долларов» и достал хрустящие купюры из конверта, в который положил их утром. Вскочив, женщина выдала мне конверт с окошком и попросила минутку подождать. Сидя в приемной, я сложил купюры в конверт так, чтобы было видно волосы и ухо Бенджамина Франклина. Ко мне подошел молодой человек с кудрявыми волосами, спросил, как меня зовут, и назвал свое имя.

«Я Сай Корднер*. Добро пожаловать в Dean Witter».

Сай отвел меня в свой кабинет и полчаса читал мне лекцию о рынках. Оказывается, отношение количества покупателей к количеству продавцов определяет динамику цен. Каждая акция олицетворяет небольшую часть собственности. Вы можете купить акции компаний, продукты которых вам нравятся, которыми вы восхищаетесь. Любители в своих действиях руководствуются эмоциями, профессионалы — цифрами. Мы решили вложить подаренные мне деньги в тринадцать акций Columbia Pictures (CPS) по 15,38 доллара за акцию.

В течение следующих двух лет каждые выходные в обеденный перерыв я ходил с двумя монетами по десять центов в телефонную будку на центральной площади и звонил Саю, чтобы обсудить свой портфель акций. Иногда после школы я заходил к нему в офис, чтобы получить

* Имя вымышленное.

свежую информацию, — как я уже говорил, тогда у меня было мало друзей. Он вводил код и сообщал мне их курс в тот день, рассуждая о том, почему произошло колебание: «Сегодня на рынках был спад»; «Похоже, что фильм “Близкие контакты третьей степени” пользуется успехом»; «Фильм “Тень Кейси” — это бомба!» Кроме того, Сай нашел время, чтобы позвонить моей маме. Не для того, чтобы рекламировать бизнес (у нас ведь не было денег), а чтобы сообщить, о чем мы говорим по телефону, и сказать ей обо мне несколько добрых слов.

Эта история была бы еще увлекательнее, если бы я стал менеджером хедж-фонда и заработал миллиарды долларов. Но я им не стал. Впрочем, я знаю о рынках больше, чем большинство преподавателей маркетинга — и это сослужило мне хорошую службу. И главное — в возрасте тринадцати лет я стал видимым. Не просто видимым, но заслуживающим внимания удивительного человека. Рэнди и Сай внушили мне, что замечательные люди могут испытывать необъяснимую симпатию к ребенку, даже если он им не родной. В старших классах средней школы я потерял связь с Саем, а несколько лет спустя продал акции, чтобы оплатить поездку в Энсенаду с друзьями из университета.

ВЕРНИТЕ ДОЛГИ

В сорок лет я наконец лучше узнал себя. Я стал осознавать свои сильные и слабые стороны, подарки судьбы и понимать, что делает меня счастливым. К несчастью, помимо этого, я осознаю и свои недостатки — ведь иногда я брал больше, чем отдавал. Я думаю о друзьях, которые вкладывали в отношения больше, чем я. О родителях и подругах: они были более преданными и великодушными. И даже о калифорнийских налогоплательщиках, оплативших мое обучение в университете, за что я отплатил средним баллом 2,27 — я не шучу. Словом, я только то и делал, что брал.

Чтобы исправить эту несправедливость, десять лет назад я решил отыскать Сая и поблагодарить его. Всеми возможными способами я искал информацию о нем в интернете и даже позвонил в Dean Witter (теперь Morgan Stanley) — безрезультатно. Вполне вероятно, что он старается не привлекать к себе внимания или вообще не присутствует в сети. При обсуждении наставников, а также того, как добрые поступки незнакомых людей повлияли на мою жизнь и процветание, я рассказал эту историю студентам. Все прошедшее десятилетие я ставил перед ними задачу найти Сая (даже предлагал вознаграждение 5 тысяч долларов), поскольку знал, что у них ничего не получится.

«МЫ НАШЛИ САЯ КОРДНЕРА»

Весной 2018 года на курсе «Стратегия бренда» я поставил эту задачу перед 170 студентами и на следующий же день получил не одно, не два, а целых три письма на одну и ту же тему: «Мы нашли Сая Корднера». Эти три подающих надежды «частных детектива» нашли племянника Сая в Facebook, связались с ним и получили телефонный номер. (Поскольку в последнее время я часто критиковал эту социальную сеть, здесь важно подчеркнуть, что это одно из множества положительных качеств Facebook.) На той же неделе я позвонил Саю, и мы проговорили целый час. Наши жизненные пути были поразительно похожи: Калифорнийский университет, сфера финансовых услуг (оба работали в Morgan Stanley, Сай — через Dean Witter), развод, двое детей, а затем предпринимательство. После развода Сай захотел быть ближе к дочерям и переехал в Орегон, где владеет розничным магазином под названием Monaco, торгующим дорогой мебелью. В следующем году Сай надеется выйти на пенсию. После нашего первого контакта за сорок лет я получил от него такое письмо:

Сай Корднер xxxxx@gmail.com
27 марта 2018 года

Уважаемый профессор Гэллоуэй (Скотт)!

Мне было очень приятно поговорить с Вами вчера. Вы прошли удивительный жизненный путь, во многих отношениях напоминающий мою собственную жизнь. Когда мы закончили разговор, я пересказал своей подруге многое из того, о чем мы говорили. Она тоже была поражена. Позвольте мне, воспользовавшись моментом, описать свои мысли и чувства. Ваша целеустремленность и успех отражают воспитание и любовь матери. Совершенно очевидно, что еще в юном возрасте Вам, как и мне, была свойственна невероятная жажда знаний. Я горжусь тем, что мы встретились, когда Вы были еще так молоды, и я произвел на Вас положительное впечатление. Я ОЧЕНЬ ВАМИ ГОРЖУСЬ!

С нетерпением жду новой встречи. Если Вам когда-либо что-то понадобится, я к Вашим услугам в любое время.

Искренне Ваш, Сай Корднер

И вот, сорок лет спустя мне снова тринадцать и в моей жизни есть человек, который помогает мне не чувствовать себя невидимкой.

Накануне своего семидесятилетия Сай осмысливает дары, которые преподнесла ему судьба, собирается снова жениться, планирует продать бизнес и уйти на пенсию. Я в свои пятьдесят четыре года тоже подвожу итоги и пытаюсь исправить свои недостатки.

ЛЮБОВЬ

КОНЕЧНЫЕ ЦЕЛИ

Любовь и отношения — вот конечные цели, все остальное просто средства их достижения. Наш вид делит любовь на части. В молодости мы принимаем любовь — родителей, учителей, воспитателей. В начале взрослости открываем для себя любовь, основанную на сделках: мы любим других в обмен на то, что получаем взамен, — любовь, чувство защищенности, интимную близость.

Любовь, получаемая нами, согревает душу; взаимная любовь приносит удовлетворение, а безусловная — открывает перед нами вечность. Мы становимся бессмертными. Наша роль, наша задача как представителей своего биологического вида — любить кого-нибудь без всяких условий. Это секретный ингредиент выживания гомо сапиенс. Чтобы мы неизменно совершали этот акт, природа сделала его чрезвычайно приятным. Безусловная любовь к кому-либо — это высшее достижение, и оно подает Вселенной сигнал: вы имеете значение; вы субъект выживания, эволюции и жизни. И пусть жизнь человека всего лишь миг, именно он играет важнейшую роль в эволюции.

САМОЕ ВАЖНОЕ РЕШЕНИЕ

Главное решение, которое вам предстоит принять в жизни, — это с кем заводить детей. С кем вступать в брак, тоже очень важно, но с кем заводить детей — вопрос огромной значимости. (Обратите внимание: я не считаю, что для прекрасной жизни непременно нужно состоять в браке.) Воспитывать детей вместе с добрым и мудрым человеком, с которым вам приятно находиться рядом, — значит пережить множество радостных моментов, наполненных покоем и удовлетворенностью. Воспитание детей вместе с тем, кто вам не нравится или не подходит для этой цели, тоже приносит радость, но она наполнена тревогой и разочарованием.

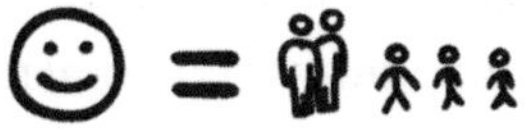

Построение жизни с тем, кто вас любит и кого любите вы, гарантированно принесет вам настоящее удовлетворение и чистую радость. Делить свою жизнь с неуравновешенным или презирающим вас человеком — значит никогда не иметь возможности перевести дух, расслабиться и быть счастливым.

ТОТ, КТО ВАС ЛЮБИТ

Как найти такого человека? Молодым людям необходимо преодолеть чувство неполноценности. Позвольте мне объяснить этот момент подробнее.

Эволюционный рост человека начинается с попыток выйти за свои пределы и скрестить свою ДНК с более качественной ДНК — в этом суть естественного отбора. Отвергнутые попытки завязать отношения относительно точно показывают, что вы, вероятно, пытаетесь прыгнуть выше головы. По всей видимости, вы окажетесь в итоге рядом с тем, у кого такой же характер, успехи, внешний вид и происхождение. Отказ — это мгновенный и достоверный сигнал о том, что у объекта влечения ДНК лучше и ему это известно. К несчастью, многие молодые люди связывают отказ человека с более качественной ДНК со своими недостатками. Я не утверждаю, что люди не должны выходить за пределы возможного — это главное качество в достижении успеха — и что не стоит приглашать на свидание высокого парня с красивыми волосами. Однако молодым людям наверняка принесет пользу одно простое правило: любите того, кто любит вас.

Кто-то считает вас замечательным? Это преимущество, а не недостаток. Судя по моим наблюдениям, большинство молодых людей не завязывают серьезных отношений ни с кем до тех пор, пока не получат отказ. И это для них ориентир в определении более качественной ДНК. Конечно, нужно пытаться прыгнуть выше головы, но не стоит считать кого-то лучше себя только потому, что вы этому человеку не нравитесь. Если же кто-нибудь восхищается вами, это не значит, что этот человек вам не ровня или почему-то вас недостоин.

Моя собака Зоуи всегда выбирает человека, который больше всего ее любит. Она настоящая Опра во взаимоотношениях. Зоуи, как и все, получает удовлетворение от кратчайшего пути к счастью: она находит того, кто предпочитает ее остальным.

1 + 1 > 2

Мой друг, успешный управляющий хедж-фондом, переехал в Кашкайш, небольшой город в Португалии недалеко от Лиссабона. Он хотел перезагрузить свою жизнь — уделять больше времени семье и воспользоваться преимуществами жизни в южной стране. Приезжая в Нью-Йорк, он обычно останавливается у меня — и мне это нравится, поскольку зимой в Нью-Йоркском университете бывает одиноко и даже тоскливо (не ловите меня на слове). Несмотря на то что мой друг относится к числу сильных мира сего, он всегда заботится об окружающих — и это у него получается совершенно естественно.

Вчера вечером, когда я вернулся домой, он заявил, что мы идем ужинать в клуб Soho House. Там мы встретились с двумя друзьями, один из которых недавно объявил о помолвке, а другой развелся. Мы поздравили одного с предстоящим бракосочетанием, а затем занялись очень серьезной работой — попытались в деталях разобраться, что значит быть холостяком в нашем возрасте.

ТРУДНОСТИ ХОЛОСТЯЦКОЙ ЖИЗНИ

Нам сразу же стало ясно, что, несмотря на определенные преимущества, холостяцкая жизнь — большой труд. Подготовка, стрижка, приведение себя в порядок, планирование, поиск пары, отправка текстовых сообщений, ухаживание и получение отказов, поездки на фестиваль музыки и искусств в долине Коачелла, игры — все это изнуряет. Если вы успешно справляетесь с холостяцкой жизнью, то либо принадлежите к одному проценту людей, которые не живут в реальном мире и их это якобы устраивает (я знаком с такими людьми и терпеть их не могу), либо вам необходимо трудиться над всем этим, как и на любой другой работе.

По данным всевозможных исследований, брак выгоден в экономическом плане. Наличие партнера дает возможность делить с ним расходы и обязанности, возможность сосредоточиться на карьере и использование мудрости толпы (в данном случае своей пары). И все это обычно приводит к принятию более взвешенных решений («Нет, мы не будем покупать лодку»), позволяет упорядочить свои предпочтения, вкладывая капитал внимания в те вещи, ценность которых растет, а не снижается, — в частности, в карьеру, а не собственную привлекательность для окружающих или в то, чтобы вас видели в соответствующих местах.

После вступления в брак богатство семьи увеличивается в среднем на 14 процентов в год. К пятидесяти годам у супружеских пар в среднем в три раза больше активов, чем у их холостых ровесников. В чем тут секрет? В серьезном отношении к принципу «пока смерть не разлучит нас», поскольку развод отнимает значительную долю активов. С точки зрения эволюции человеческого рода моногамные отношения повышают вероятность выживания потомства, что приносит пользу всему виду.

СТАРАЙТЕСЬ БЫТЬ ХОРОШИМ ПАРТНЕРОМ

Брак возник в древних обществах. Для того чтобы растить детей, нашим предкам необходима была безопасная среда, а также способ разобраться в правах на собственность. Брак, основанный на любви, получил распространение только в эпоху романтизма. Круг обручального кольца (эта традиция возникла еще в Древнем Риме) символизировал нерушимость и прочность союза. Когда-то люди верили в то, что из безымянного пальца левой руки к сердцу восходит вена или нерв.

Я умею заключать браки — и делал это дважды. Первый мой брак был хорошим, а второй замечательным. Первый брак распался не потому, что был плох, а потому, что я хотел вести холостяцкий образ жизни. Но это другая история.

Если на свадьбе меня просят сказать тост, я даю молодоженам несколько советов. Конечно, они сформулированы с точки зрения мужчины — ничего не могу с этим поделать!

Не ведите счет. Человеку свойственно переоценивать свой вклад в отношения и сводить к минимуму вклад партнера. Пары, которые постоянно отмечают, кто что и для кого сделал, зря тратят силы. В конечном счете они чувствуют, что остались в убытке. Восприятие отношений как единого целого приносит радость и успокоение, и если в вашем случае это так (что действительно к лучшему в наше время), возьмите за правило всегда обращать внимание только на положительные моменты. Поставьте перед собой цель быть щедрыми и делать для своего спутника жизни как можно больше и как можно чаще.

Будьте готовы начать с чистого листа, если партнер совершит ошибку. По данным исследований, основа стабильных, гармоничных отношений — это умение прощать.

Одно из важнейших условий успеха американской нации состоит в том, что людям дается второй шанс. То же самое происходит и во взаимоотношениях: обретение истинной любви и чувства партнерства подразумевает способность прощать, что на первый взгляд кажется несправедливым и даже досадным.

С возрастом способность отдавать приносит нам больше внутреннего удовлетворения. Если вы всегда ведете своим вложениям счет, то не сможете испытать истинную радость — радость делать что-то для другого человека только потому, что вы его любите и ставите его счастье выше всего остального. Тот, кто заботится о других, вносит самый большой вклад в благополучие человеческого рода, а в награду получает долгую жизнь. Брак — это обещание заботиться о другом человеке изо дня в день.

Никогда не допускайте того, чтобы вашей жене было холодно или чтобы она проголодалась. Я не шучу: действительно никогда этого не допускайте. Оглядываясь назад, я осознаю, что большинство ужасных ссор со спутницами жизни происходили именно потому, что мы умудрялись пропустить обед. Вложите деньги в автомобиль с двухзонным климат-контролем, а выбирая столик в ресторане, прежде чем делать заказ, убедитесь, что не будете обедать на сквозняке. Старайтесь никогда не выходить из дома без батончиков и большого кашемирового шарфа размером с одеяло. Потом вы меня поблагодарите!

Как можно чаще выражайте любовь и желание. Любовь, прикосновения и секс — все это подчеркивает уникальность ваших отношений. Если оставить в стороне все остальное, именно эта женщина (или этот мужчина) вызывает у вас влечение. Мы немного животные, поэтому в любви и сексе можем быть больше самими собой. Люди, которые не чувствуют себя желанными, скорее всего, робки и не нравятся себе, когда находятся рядом с вами. Это может привести к тому, что в ваших отношениях появятся «метастазы» безразличия и презрения.

Судя по моему опыту, наибольшее удовлетворение в жизни приносят семья и профессиональные достижения. Если вам не с кем поделиться своим успехом, значит, вы увидели призрака — все как будто произошло, но не на самом деле. Однако, если у вас есть хороший партнер, вы ощущаете реальность бытия, более сильную связь с человеческим родом — и все обретает смысл.

Сказать «да» означает обещание «Я буду заботиться, оберегать, лелеять и хотеть тебя».

ДЕРЖИТЕ ДЕТЕЙ ПОБЛИЖЕ К СЕБЕ

Когда моему старшему сыну было два года, он часто просыпался на рассвете, собирал самое ценное, что у него было — машинки Matchbox, складывал их в плетеную корзинку и отправлялся к нам в комнату. Он останавливался в двери и протягивал корзинку, словно предлагая ее нам без всяких слов в обмен на то, чтобы мы разрешили ему забраться к нам в постель. Мы не разрешали ему делать это и отводили в его комнату. Следующие два часа это повторялось каждые пятнадцать минут, пока мы наконец не вставали. Несколько раз мы обнаруживали сына спящим прямо под дверью нашей спальни. По-видимому, он хотел войти, но боялся быть отвергнутым. Мало о чем в плане воспитания детей я сожалею больше, чем о том, что мы не позволяли ему спать вместе с нами.

Разумеется, мы с женой руководствовались благими намерениями. Западные исследования по части совместного сна подчеркивают, что самостоятельный сон способствует формированию системы преодоления психологического стресса у детей[1]. Помимо этого, родители должны оберегать свои отношения и интимную близость. Однако здесь не существует универсального решения, хотя большинство культур склоняются в сторону совместного сна.

(Обратите внимание: я говорю о сне родителей с детьми младшего возраста, поскольку в этом случае существует угроза безопасности ребенка[2].) Необходимо прочитать несколько книг о воспитании детей, чтобы понять: никто еще не нашел алгоритм успешного выполнения родительских обязанностей.

Я советую молодым родителям делать то, что кажется им правильным, и доверять интуиции. В нашей семье интуиция, а также то, чем мы занимались последние несколько лет, позволили выработать такой подход: все дети засыпают в своих кроватях (хотя собака спит в комнате младшего ребенка), а родители наблюдают, как развиваются события на протяжении ночи. Иногда все просыпаются там же, где уснули, но чаще всего в нашей кровати оказывается четверо. Порой я сбегаю с переполненной «парковки», чтобы поспать в недавно освободившейся постели старшего сына.

В Соединенных Штатах Америки родители скрывают, сколько времени они спят вместе с детьми, поскольку им внушили, что это неправильно. Однако мало что может быть более естественным. Японцы очень ценят совместный сон с детьми, называя такую практику «рекой»: мама и папа — это берега, а ребенок между ними — вода[3].

Вода в нашей постели — это спокойная река, которая иногда неожиданно начинает бурлить, давая пинки по лицу и время от времени задавая вопросы: «Папа, уже пора вставать?» — «Нет, еще можно поспать». Младшему ребенку нравится спать на моей шее в виде 16-килограммового галстука-бабочки. Как ни странно, это действует на меня расслабляюще, в таком положении я засыпаю. Или у меня случается асфиксия, из-за чего я лишаюсь сознания.

Старший сын любит касаться одной ногой то мамы, то папы. Каждые полтора часа он садится, оглядывается, а затем снова засыпает.

Самый большой страх моего отца, как ребенка периода Великой депрессии, — умереть нищим (хотя его материальное положение в порядке). Я же больше всего боюсь того, что эгоизм не позволит мне вкладывать достаточно сил и времени в отношения и потому я умру в одиночестве. Единственное, во что я инвестирую как можно раньше и чаще, — это мои мальчики. Я уверен: те маленькие инвестиции, которые я делаю несколько раз в неделю посреди ночи, окупятся. Меньше места в кровати, порой ушибы и дефицит сна — все эти вклады приведут к достижению одной цели: дети запомнят то, что они были для родителей на первом месте.

Мы приходим в этот мир и уходим из него одинокими и уязвимыми, поэтому нам хочется прикасаться к любящим людям, чтобы спать спокойно. По моему убеждению, благодаря всем этим маленьким инвестициям у наших мальчиков возникнет естественное желание лечь рядом с мамой и папой, которые постарели и ослабли, чтобы согреть нас и помочь спокойно уснуть.

Я ТЕБЯ ЛЮБЛЮ

Дальний родственник наших друзей, семейной пары, умер от бокового амиотрофического склероза. Вскоре после этого печального события они подвели итог того, что подарила им судьба, и спросили друг друга: «Что мы можем сделать, чтобы полнее проживать драгоценные мгновения своей жизни?» Муж в этой паре любит приключения, поэтому он предложил вместе с тремя детьми совершить кругосветное путешествие на катамаране, построенном по последнему слову техники. Идея показалась бы безумной, если бы эти мужчина и женщина не были чрезвычайно компетентными людьми, которым другие доверяют свою жизнь и средства к существованию: она врач, а он руководит компанией. Но даже с учетом их профессиональных качеств плавание в открытом океане на двух огромных буги-бордах выглядит сумасшествием.

Они совершили пробное плавание, проведя неделю в море, а я внимательно следил за их путешествием в Instagram. Ночные вахты, бушующее море, проблемы с двигателем — все в таком духе. Я не понимал, зачем им это нужно. На мой взгляд, это скорее наказание, чем возможность взять жизнь за рога. Но после того, как увидел одну фотографию, мне все стало ясно. Радость моего друга была видна даже на плоском изображении. Быть вместе с семьей, применять свои навыки, силу и ум, для того чтобы постичь природу и властвовать над ней, — все это заставляло его лицо сиять. Без всяких фильтров. Иметь партнеров, которые способны все, что имеют, отдать ради счастья друг друга, видимо, и есть залог успешного существования человеческого рода. Огромное внутреннее удовлетворение в жизни приносят не всевозможные вещи и технические новшества (Cartier или Boeing), а то, что заложено в нас природой миллионы лет назад в целях увеличения численности вида.

В период крушения первого брака частью моего искупления была семейная терапия. К большому моему удивлению, мне это занятие понравилось. Нашим психотерапевтом был умный, заботливый человек, которого, казалось, интересует моя любимая тема — я сам. Тогда я спросил его (его звали Борис), как он понимает любовь. По мнению Бориса, любовь — это готовность ради другого человека кардинально изменить удобную для вас жизнь. Если вам интересно, что произошло с моим браком, позвольте сказать, что в свои 33 года я не позволял жене менять радиостанцию в нашем автомобиле, не говоря уже о чем-нибудь в своей жизни. Чертов эгоист!

Словом, я никого по-настоящему не любил — до тех пор, пока у меня не появились дети. Повинуясь родительскому инстинкту, мы по собственной инициативе отказываемся от своей жизни, посвящая ее детям. Мне понадобилось для этого время, поскольку, как уже было сказано, я эгоист. С детьми бывает очень трудно. Однако родительский инстинкт давал о себе знать, и теперь мои выходные — это футбольные матчи, вечеринки по случаю дней рождения и просмотр мультфильма «Гадкий я 3». Поздний завтрак с друзьями, просмотр телепередач и возможность хорошо выспаться — все это замечательно, но как же удобно, отвечая на все жизненные вопросы, руководствоваться тем, что лучше всего для детей. Бездетные люди тоже могут испытывать подобное чувство, если они добры и заботятся о других.

МЕСТЬ МОНТЕСУМЫ

Мне трудно установить контакт с младшим сыном, которому исполнилось шесть. Старший сын девяти лет меня балует, поскольку мы любим вместе смотреть футбол и играть в эту игру. По неведомой мне причине он считает меня замечательным. Младший сын относится ко мне куда сдержаннее. Однако недавно я обнаружил, что ему нравятся «американские горки». В движущемся лифте у меня случается приступ тошноты, но я готов выдержать весь этот ужас на аттракционе «Месть Монтесумы» в тематическом парке Knott's Berry Farm. Мой сын безудержно смеется на протяжении всего заезда, а в конце спрашивает: «Здорово, правда?!» Я лгу ему: «Да... здорово...» В этот момент мы становимся ближе.

Однажды вечером мы с мальчиками были в ресторане, где проходил конкурс талантов. Там устроили караоке, и, к моему ужасу, в нем согласился принять участие мой старший сын. Он попросил поставить песню Джастина Бибера Sorry. Слова на экране появились слишком быстро, и сынишка растерялся. Инстинктивно я подбежал к нему и начал нашептывать слова, чтобы привести мальчика в чувство.

На свете есть не так уж много вещей, которые я ненавижу больше Джастина Бибера и караоке. Однако то, что вы ненавидите, становится просто небольшим неудобством в присутствии любимых людей. Катамараны, «американские горки» и караоке — все это разные способы сказать: **«Моя жизнь принадлежит тебе, и я люблю тебя»**.

ДЕНЬ СВЯТОГО ВАЛЕНТИНА

День святого Валентина превратился в праздник влюбленных, но, как гласит «Википедия», этот день назван в честь двух святых по имени Валентин. Одного из них заключили в тюрьму за освящение браков солдат с их возлюбленными. Этот человек также вернул зрение слепой дочери судьи, лишившего его свободы. Накануне казни Валентин отправил этой девушке письмо, подписав его «Твой Валентин».

КРОССФИТ

Наверное, вы слышали такую шутку: «Как вы узнаете, что кто-то занимается кроссфитом? Вам об этом скажут». Итак, я занимаюсь кроссфитом.

До сорока лет я тренировался ради того, чтобы быть более привлекательным и повысить самооценку, поскольку страдаю дисморфофобией*. После сорока я тренируюсь, чтобы навести порядок в голове (спорт действует на меня как антидепрессант) и держаться за жизнь — чувствовать себя не таким старым. Довольно много исследований

---

* Дисморфофобия — навязчивый страх невротического характера, связанный с якобы имеющимся тем или иным физическим недостатком. *Прим. ред.*

подтверждают, что физические упражнения — это единственный настоящий эликсир молодости. Как правило, в группе я старше всех — примерно на двадцать лет — и, наверное, должен чувствовать себя крутым. На самом деле это не так.

Понимаете, молодые люди относятся ко мне как к Мику Джаггеру — который так стар, что вдохновляет их. Я вхожу в помещение, которое в этом виде спорта почему-то называют тренажерным залом, — и начинаются искренние комментарии в духе: «Как замечательно, что вы пришли!» Да, черт бы вас побрал!

Часто тренировка превращается для меня в гонку на время: я все еще выполняю прыжки на ящик, берпи и другие виды пыток, тогда как остальные уже проверяют свои телефоны и хлопают друг друга по плечу, закончив тренироваться. А затем происходит самое ужасное. Они замечают, что я все еще выполняю упражнения и, словно рыба, слишком долго находящаяся на суше, время от времени шлепаюсь об пол, хватая ртом воздух. Они окружают меня — я не шучу! — и хлопают по спине, подбадривая: «Ты справишься, Скотт!»

Это ужасно!

Моего тренера в нью-йоркском тренажерном зале зовут Шон. Ему двадцать три года, а выглядит он на пятнадцать. У него кудрявые черные волосы, он носит неоново-красные баскетбольные шорты и толстовку и очень серьезно относится к себе и кроссфиту. Месяц назад я опоздал на занятие на десять минут, и Шон в присутствии всей группы — других молодых людей примерно двадцати лет — сказал: «Если вы снова опоздаете, я не пущу вас на занятие». Какая ирония, учитывая мою собственную политику в отношении опозданий, о которой я уже вам рассказывал!

Имейте в виду: если вам кажется, что я прошу людей делать то, что я говорю, а не то, что делаю, то в этот раз доверьтесь своему чутью. Недавно я на двадцать минут опоздал на программу Squawk Box на канале CNBC, которая должна была проходить в прямом эфире, так на студии время начала передачи изменили. Но с Шоном такой номер не пройдет. Может, это и к лучшему. Я осознаю: мне необходимо напоминать о том, что не такая уж я важная птица — и мне часто на это указывают.

ГОВОРИТЕ ЛЮДЯМ, ЧТО ВЫ ИХ ЛЮБИТЕ

Через десять минут после начала тренировки мы лежали на полу и выполняли растяжку, а мой мозг напряженно размышлял о том, какой ужас ждет меня на протяжении еще нескольких часов. Была среда, День святого Валентина. Я пришел на тренировку в половине восьмого, а через пять минут после начала растяжки очень серьезный Шон услышал характерный рингтон своего телефона. Что-то срочное? Он отошел в угол, у которого я выполнял растяжку — то есть, лежа на спине, время от времени разводил руки и ноги в стороны. Шон ответил на звонок: «Привет, дедуля, я на работе. Можно я тебе перезвоню?»

Однако дед ничего не слушал. Проигнорировав просьбу Шона, он продолжал держать его на телефоне. Следующие три минуты каждые тридцать секунд — я засекал, поскольку мне было скучно растягивать мышцы, — Шон отвечал одними и теми же пятью словами: «Я тоже тебя люблю, дедуля». Он повторил это шесть раз.

Мне стало интересно, что же такое дед говорил Шону. Может, он утешал внука, потому что ему не с кем было провести День святого Валентина? Или рассказывал о бабушке и матери? Или просто воспользовался праздником как поводом для того, чтобы несколько раз сказать Шону, какой он замечательный. Ясно одно: дед шесть раз сказал внуку: «Я тебя люблю».

ПЕРСПЕКТИВА

Пожилые люди знакомятся со смертью ближе, когда начинают уходить их друзья и супруги, и это раскрывает им глаза на перспективу. Вот почему маркетологи терпеть не могут стариков. Ведь те тратят время и деньги на такие вещи, как медицина, близкие люди, отдают свои сбережения на образование внуков, а не на винтажные кроссовки, смартфоны iPhone и кофемашины Keurig. В общем, они становятся боязливыми и осторожными и гораздо менее глупыми, потому что отказываются тратить деньги на товары с большой наценкой, которые так любят молодые люди, верящие в то, что эти вещи сделают их привлекательнее и сильнее.

Мы так много сил вкладываем в своих детей: сидим на зрительских трибунах, пока девятилетний сын-вратарь безуспешно пытается поймать одиннадцать мячей, то и дело оказывающихся в сетке позади него; пытаемся переварить пищу, съеденную в аквапарке. А что получаем взамен? Несколько десятков лет спустя вы позвоните своему внуку на работу и, игнорируя его просьбу отложить разговор, каждые тридцать секунд будете повторять, что любите его, и слышать в ответ, как внук говорит, что тоже вас любит. И так шесть раз.

С кроссфитом у меня сложные отношения — на грани то любви, то ненависти, однако я пришел к выводу, что Шон все же нравится мне.

ВЕРНИТЕ СЕБЕ ПРАВО НА ВЫРАЖЕНИЕ ЧУВСТВ

В своей статье на сайте Medium Марк Грин утверждает, что у мужчин отняли право на чувства и эмоции и это вредит всем[4]. Я ему верю. В детстве нас, мальчишек, учили тому, что чувства и эмоции выражают либо для того, чтобы добиться секса, либо для того, чтобы подать сигнал о гомосексуальности. Как вы понимаете, последнее осуждалось в те времена и в тех местах, где я рос. Из-за таких ассоциаций (нежелательный сексуальный мотив или гомосексуализм) мужские прикосновения не вызывают доверия, и большинство мужчин лишены возможности проявлять свои чувства таким образом. Таких инструментов нет в нашем арсенале для выражения дружбы, привязанности или любви.

Прикосновение имеет поистине основополагающее значение для человеческого общения. Оно активирует орбитофронтальную кору головного мозга, которая связана с чувством удовлетворенности и сострадания... Прикосновение подает сигнал о безопасности и доверии — и это успокаивает[5].

Дачер Келтнер, профессор психологии Калифорнийского университета в Беркли

С возрастом я стал сознательно прилагать усилия к тому, чтобы проявлять эмоции, особенно по отношению к сыновьям. Это связывает нас еще сильнее, и я твердо уверен, что выражение чувств привнесет уверенность в их жизнь и продлит мои годы.

ЦЕЛУЙТЕ СВОИХ БЛИЗКИХ

Мой близкий друг Ли родился в итальянской семье. Однажды я провел день с ним и его отцом. Больше всего мне запомнился момент появления его отца. Он зашел в квартиру, и они с Ли поцеловались — в губы, словно пожали друг другу руки. До этого я никогда не видел, чтобы взрослые мужчины целовались. Двадцать лет спустя еще одно мое соприкосновение с итальянской культурой, сериал «Клан Сопрано», подтвердило, что это распространенный обычай. Помню, как после того, как прошло потрясение, я подумал, что это мило.

Я часто целую своих сыновей. Это вообще очень приятно, но истинное удовлетворение приносит мне уважение, с которым мои мальчики относятся к этому действу. Они могут смотреть телевизор, бороться, жаловаться (они часто жалуются), но, когда я собираюсь их поцеловать, наклоняясь и вытягивая губы, они все бросают, поднимают подбородки и целуют меня в губы, а затем возвращаются к прежним занятиям. Дети как будто знают, что это имеет значение — а все остальное может подождать.

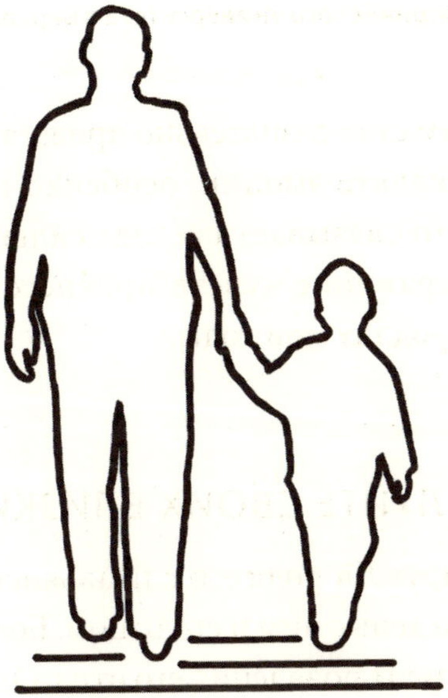

ДЕРЖИТЕСЬ ЗА РУКИ

Пока не появились дети, мне никогда не нравилось держаться за руки. Мы многое делаем для своих отпрысков: водим на тренировки по футболу, беспокоимся о них, возим в школу, смотрим с ними плохие фильмы, контролируем на расстоянии, работаем, чтобы обеспечить им лучшую жизнь, чем была у нас. Каждое из этих занятий по отдельности вполне терпимо, но вряд ли бездетные люди стали бы выполнять хоть одно из них. Вы хотели бы посмотреть эмодзи-фильм? Впрочем, в совокупности все эти составляющие позволяют поставить отметку в графе «инстинкты», они дарят ощущение того, что вы служите высокой цели — самой эволюции.

Мало что воплощает в себе награду, выраженную в одном действии, так, как это делает возможность держать ребенка за руку. Рука ребенка идеально ложится в руку отца или матери. И в этот момент вы чувствуете, что плохо было бы умереть внезапно, но гораздо хуже — не оставить во Вселенной следа, наполненного смыслом и успехом. Вы родитель — и ваш ребенок держит вас за руку.

Мой старший сын реже держит меня за руку: он считает себя независимым, поскольку ему уже исполнилось десять. И к счастью, он не выходит из себя и не орет «Прекрати!», как четырнадцатилетняя девочка, чьи крики я слышал на футбольном поле, когда ее мама совершила преступление против человечности, взяв дочь-подростка за руку. Думаю, после такого поведения девочка чувствовала себя виноватой.

Мой младший сын семи лет от роду все еще инстинктивно хватает меня за руку, когда мы гуляем на улице, — и это просто волшебство! Дома он ведет себя как варвар: терроризирует всю семью. Однако во внешнем мире ему немного страшно и он нуждается в безопасном прикосновении человека, который, как ему известно, защитит его. Сначала он ищет руку мамы. Папа на втором месте — и меня это устраивает.

Индивидуальность своих родителей я начал осознавать в шесть или семь лет. Родители подобны потребительским брендам в том смысле, что в детстве мы запоминаем о них только две-три вещи, упуская детали, которые начинаем ценить, становясь старше и понимая всю сложность человеческой природы. Моя мама была рассудительной женщиной, и она любила меня. Отец был серьезным и молчаливым в семье, но невероятно обаятельным и дружелюбным в общении с незнакомыми людьми.

Трудно представить себе, что будут думать о вас дети, когда вырастут. Я унаследовал от отца его раздражительность и строгость, что делает атмосферу в нашем доме не такой уж приятной. Но я делаю все возможное, чтобы дети запомнили меня человеком, который всегда их целовал и протягивал руку.

Если мужчины такого типа, как Берт Рейнольдс, могут целовать других мужчин, то могу и я. Я возвращаю себе право на выражение чувств и эмоций.

РАЗВОД

Люди читают слова несколько сотен лет, слушают слова тысячи лет и воспринимают образы миллионы лет. Наш вид умеет превосходно работать с образами. Мы можем интерпретировать и понять их смысл в пятьдесят раз быстрее речи, поскольку в этом у нас гораздо больше опыта[6]. Подобно тому, как музыка внедряется в наше бытие в поздний подростковый период, картины раннего детства тоже находят место в нашем сером веществе[7].

Когда мне было семь лет, мы жили в доме у пляжа в Лагуна-Нигел. Отец приходил домой рано, и мы отправлялись заниматься бодисерфингом и наблюдать за дельфинами и тюленями, плавающими у берега. Когда поднимался шторм, мы отправлялись утром в Ньюпорт-Бич. Стоя в конце пирса, мы вглядывались в даль и предупреждали друг друга, когда миллионы галлонов воды, несущейся к берегу, превращались в полуцилиндр высотой в два с половиной или даже три метра, а затем ждали, как вздрогнет пирс, когда поднимающееся дно моря подбросит огромную волну вверх и она обрушится на поверхность воды.

Весной четыре ночи подряд, от полной до новой луны, моя мама будила меня в полночь, и, вооружившись фонариками, мы шли на пляж наблюдать, как нечто похожее на движущиеся куски металла танцует на мелководье. Груньоны подплывали к берегу.

Мои образы не были похожи на заставку к фильму «Одинокие сердца». Помню, как однажды я увидел по телевизору мужчину в лыжной маске, который, стоя на балконе отеля, прервал потрясающие выступления спортсменов Марка Спитца и Ольги Корбут. Должно быть, мне запомнилось это потому, что каждый раз, когда этот человек появлялся на экране, родители загораживали от меня телевизор — им явно было неловко.

Когда мой отец отправлялся в командировки, мы с мамой ездили с ним в аэропорт округа Ориндж. Это место напоминало ресторан, где люди подъезжали прямо к хвосту самолета. Там был бар и круговой балкон на втором этаже, на него можно было подняться по ступенькам с улицы. Никакой охраны рядом. Отец выводил меня на балкон и закрывал уши, когда двигатели самолета издавали визжащий звук, перед тем как пилот отпускал тормоз. Самолет начинал превращаться из выброшенного на берег тюленя в орла, парящего на высоте тысячи километров.

Отец объяснил мне разницу между самолетами 727 и DC-9 (три реактивных двигателя против двух), а также между DC-10 и L-1011 (в первом случае третий реактивный двигатель как часть фюзеляжа в отличие от размещенного третьего в хвостовой части во втором). Во дворике «ресторана» доминировали два бренда: Air California и Pacific Southwest Airlines. На носу самолетов Pacific были нарисованы смайлики, они улыбались нам через огромные окна.

Мои родители были воплощением американской мечты. Будучи иммигрантами с восьмью классами образования, они оба вложили много труда и таланта в величайшую силу добра за всю историю — экономику США. Мы жили возле пляжа. Однако родители, в основном отец, все испортили. Все изменилось, и вскоре мы разъехались по разным домам, и ни один из них не находился на пляже. Через неделю после развода отец стал забирать меня по пятницам после работы в своем Gran Torino из маминой квартиры в Энсино площадью около 70 квадратных метров. Мне приходилось ждать его на улице, поскольку мама не хотела видеть отца даже в машине: она его ненавидела. Я научился хорошо различать автомобили еще издалека по форме и свечению передних фар. Легче всего было определить автомобили AMC Pacer.

Услышав в воздухе рев, я каждый раз обращаю взгляд в небо, и мне почти всегда удается определить тип самолета и авиакомпанию. Не так давно во время уик-энда в Саут-Бич мои друзья сделали вид, что поражены моей способностью отличить Airbus A380, направлявшийся в Мюнхен (Lufthansa), от самолета, летевшего в Париж (Air France). Смотреть в небеса и каталогизировать воздушное движение — моя привычка. Я определяю объект в небе и вспоминаю времена, когда мы с родителями были семьей и жили у пляжа.

ИСПЫТЫВАЙТЕ ПРИВЯЗАННОСТЬ К ЛЮДЯМ

Согласно теории привязанности профессора Кори Флойда, это чувство укрепляет связь между людьми, обеспечивает доступ к ресурсам и передает информацию о вашем потенциале в качестве родителя, расширяя круг возможных партнеров. На мой взгляд, в этом заключен глубокий смысл. Я знаю многих людей, которые, несмотря на свою удачу, потеряны в жизни. У них мало значимых отношений, они не способны получить удовлетворение от профессии, они слишком строги к себе. По-видимому, они не чувствуют почвы под ногами, не верят в свою ценность — в общем, потеряны.

Мой успех можно объяснить двумя факторами: я родился в Америке и в моей жизни был человек, испытывающий иррациональную одержимость моим благополучием, — моя мама. Хотя она выросла в семье, где не принято было проявлять чувства, в отношениях с сыном она не могла себя контролировать. Меня ее любовь научила отличать **надежду** на то, что кто-то считает меня замечательным и особенным, от знания того, что кто-то действительно верит в меня.

Каждую среду вечером после сбора бойскаутов мы ходили ужинать в ресторан на бульваре Сепульведы в Калвер-Сити. Я заказывал грудинку с подливой, а мама лосося и яйца с луком. Мы обсуждали прошедшую неделю (между уик-эндами нам не удавалось пообщаться), время от времени отвлекаясь на комплименты официанток, которые заявляли, что я вырос.

По пути из ресторана мы останавливались у булочной и покупали халву. Стоя на парковке в ожидании того, что служащий подгонит наш лимонно-зеленый Opel Manta, мама обычно, взяв меня за руку, слишком сильно раскачивала ею. Она смотрела на меня, а я закатывал глаза — и в этот момент мама начинала весело хохотать. Она так сильно меня любила...

Если есть человек, который считает вас замечательным, все в вашей жизни полностью меняется. Колледж, профессиональный успех, эффектная подруга — это мечты, а не данность для необыкновенно обыкновенного ребенка из семьи, принадлежащей к нижней прослойке среднего класса. Моей маме было сорок три года, она была одинока и зарабатывала 15 тысяч долларов в год. Но она была хорошей женщиной, умевшей дать мне почувствовать себя важным для нее. Пока мы ждали свой автомобиль, мама внушала мне уверенность в том, что я ценность, что я способный ребенок и заслуживаю самого лучшего. То, как она, смеясь, держала меня за руку, привязывало меня к ней еще крепче.

ЧТО ТАКОЕ НАСТОЯЩИЙ ДОМ

В капиталистическом обществе люди мерят свою жизнь покупками. Первая крупная покупка — обручальное кольцо, на которое усилиями ювелиров De Beers молодые люди тратят очень много денег, поскольку оно считается «средством накопления». И вообще такая покупка отвечает странным представлениям о том, что мы включаем в собственность предмет, демонстрирующий зрелость и финансовую успешность.

Вторая крупная покупка — дом. Национальная ассоциация риелторов искусно внедрила в умы людей идею о том, что американская мечта — это владение домом. Спросите тех, кто купил дом в 2007 году, накануне кризиса, осуществились ли их мечты.

Экономист Йельского университета и лауреат Нобелевской премии Роберт Шиллер утверждает, что с учетом расходов на содержание дома этот объект для инвестиций не более подходящий, чем другие классы активов. Тем не менее все считают покупку первого дома знаком успеха и карьерного роста во взрослой жизни, а также одной из форм вынужденных сбережений. Купившись (не без помощи Национальной ассоциации риелторов) на это, правительство сделало проценты по ипотечным кредитам не подлежащими налогообложению. Исключение процентов по ипотечным кредитам из базы налогообложения представляет собой одну из самых дорогостоящих налоговых льгот в Америке. О какой еще налоговой льготе идет речь? О низком уровне налогов на прирост капитала по сравнению с обычным доходом. Обе эти категории налогообложения, домовладение и инвестиции, позиционируются как сугубо американские. Но это просто перераспределение богатства от бедных к богатым. Кто владеет домами и акциями? Богатые пожилые люди. Кто арендует жилье и не имеет активов, попадающих в такую категорию налогообложения, как прирост капитала? Молодые и бедные.

Более показательно о вашей жизни говорит не первый, а последний дом. Где вы сделаете свой последний вздох, имеет большое значение, поскольку это место отражает ваш успех. Но еще важнее — сколько людей будут заботиться о вашем благополучии. На закате жизни вы не приносите большой пользы, а значит, люди, которые за вами присматривают, либо в высшей степени великодушны, либо стремятся отплатить вам за любовь и поддержку.

Последний дом моей мамы был в общине для престарелых возле Лас-Вегаса. После того как она переехала, я велел ей выбросить всю старую мебель, и мы украсили новое жилище предметами из Pottery Barn (в 1990-х я консультировал Williams-Sonoma по вопросу интернет-стратегии, и директор по маркетингу этой сети магазинов Пэт Коннолли сделал мне скидку). Маму радовали не столько мягкие кресла и синельные подушки, сколько то, что их купил для нее сын.

Когда ей стало совсем плохо и она перенесла несколько операций, ее перевели в отделение длительного пребывания. В этом отделении пахло мочой, некоторые больные спали в креслах-каталках в холле. Я зашел в мамину палату, которую она делила с еще одной женщиной. Ее соседка по палате лежала в кровати, к металлической ручке которой в пятнадцати сантиметрах от лица был прикреплен постоянно мигающий телевизор. Женщина подняла на меня взгляд и спросила, не слишком ли громко. Мама сидела прямо на краю кровати, ожидая меня. Взглянув на меня, она сказала: «Я не хочу здесь оставаться». При всей моей чертовой мнимой значимости, интернет-известности, деньгах и жизни на широкую ногу моя мама весом 40 килограмм оказалась в месте, где разит мочой. Для меня это был полный провал!

Я помог маме упаковать вещи и сказал медсестрам, что хочу забрать ее домой. Они ответили, что это нарушит указания врачей, поэтому они вызовут охрану. Я вышел на улицу и сказал привезшему меня водителю, что заберу свою маму в инвалидной коляске, которую необходимо будет поставить в машину и уехать как можно быстрее. Вернувшись в отделение, я взял коляску, усадил в нее маму, положил ей на колени сумку и направился на улицу. Когда мы проходили мимо стола медсестры, она спокойно посмотрела на нас, а верзила-охранник преградил нам путь к раздвижной двери. Он ничего не говорил, а просто стоял там.

Вся эта картина выглядела бы лучше, если бы в тот момент я голосом Моргана Фримана велел ему убираться с моего пути: «Я забираю маму домой». Но все было иначе. Замерев, я стоял там, положив руки на подлокотники инвалидной коляски, а мама в больничном халате держала на коленях спортивную сумку с вещами. Так мы простояли десять секунд, которые показались мне вечностью. Думаю, охранник нас пожалел. Он отвел взгляд и отступил — и мы уехали. Мама умерла через семь недель, дома.

Мой отец и его жена переехали в место, которое станет, по всей видимости, их последним домом, поскольку им обоим по восемьдесят восемь лет. Моя сестра, дети жены моего отца и я — все мы собрались, чтобы помочь им с переездом и убедиться, что они отправляются жить в хорошее место. Отец сказал, что он впервые сможет по-настоящему расслабиться, поскольку ему больше не нужно работать в саду или ухаживать за домом. Это замечательное место в университетском городке с вечерами кино, медицинской помощью по вызову и бассейном. Кроме того, мы хотим нанять тренера, чтобы он мог продолжить свою давнюю программу тренировок.

Первый дом говорит о важных вещах — о вашем будущем и возможностях. Последний говорит о том, что еще важнее, — о людях, которые вас любят.

КАК ПОМОЧЬ ТОМУ, КТО УХОДИТ ИЗ ЖИЗНИ

На следующий день после моего выступления на конференции, организованной крупной интернет-компанией, я получил четыре сообщения в LinkedIn: три человека делились благоприятными отзывами и хотели наладить со мной контакт, а одно сообщение меня взволновало. Двадцатишестилетняя незнакомка просила у меня совета. Ее письмо приведено ниже (в целях конфиденциальности я изменил имя девушки и некоторые детали).

Тема: Просьба о жизненном совете

Здравствуйте, профессор Гэллоуэй!
Я пишу это письмо, потому что доверяю Вашему мнению и приму совет.
Мне 26 лет, и я делаю карьеру в области цифрового маркетинга в компании по производству потребительских товаров. Мне выпала прекрасная возможность работать в команде увлеченных специалистов над использованием множества данных для решения нетривиальных творческих задач и предоставления информации отделу разработки продукции.
В январе у моего отца обнаружили рак поджелудочной железы в последней стадии, поэтому я приняла решение вернуться домой, чтобы быть с ним и мамой.

Я планировала продолжать работу... но у меня возникло неприятное чувство, что это того не стоит, а дополнительный заработок не имеет такого большого значения, как возможность целыми днями быть со своей семьей в этот период. Но все же меня беспокоит, что приостановка обучения негативно отразится на моей карьере в перспективе.
Как бы мне хотелось, чтобы папа был в состоянии помочь мне найти ответ на этот вопрос с ясной головой и беспристрастно. Я приму Ваш совет как второй наилучший вариант!

Дорогая X!

Сочувствую Вам по поводу болезни отца. Позвольте обратить Ваше внимание на несколько важных деталей. У меня нет ни полномочий, ни опыта в отношении того, как следует создавать надлежащие условия для ухода за больными родителями. Такие решения всегда весьма личные. Единственное, что я могу рассказать, — это о том, как болела моя мама и чему я научился в то время. Однако важно отметить, что я был на другом этапе карьеры. Мне было 39 лет, и тогда я уже достиг определенного профессионального статуса и экономической стабильности, чего Вы в свои 26 лет еще, по всей вероятности, не имеете. Здесь не может быть никаких инструкций. Многое зависит от Ваших отношений с родителями, а также от логистики и ресурсов. Итак, вот что я могу Вам рассказать.
У моей мамы обнаружили рак с метастазами, и врачи сказали, что она проживет не больше трех месяцев. Мама спросила меня, могу ли я помочь ей умереть дома, и я согласился. Я переехал вместе с ней

в коммуну для престарелых в Саммерлине, чтобы обеспечить достойный уход и провести это время вместе. Она ушла из жизни через семь месяцев — дома. Место, где человек умирает, а также люди, которые окружают его в этот момент, — все это многое говорит о его успехе или провале в жизни.

Урок. *На мой взгляд, не имеет значения, насколько красив Ваш дом; уходить из жизни в окружении чужих людей при ярком освещении — настоящее разочарование. Безусловно, такая возможность есть далеко не у всех, но если человек умирает дома в окружении людей, которые его любят, — он добился успеха. Значит, он поддерживал значимые отношения, а также был великодушен по отношению к людям. У моей мамы не было образования, она была разведена и работала секретарем. Она сделала свой последний вздох дома, в комфортной обстановке, среди тех, кто ее безмерно любил. Если Вы и члены Вашей семьи можете сделать так, чтобы отец умер дома, Вы совершите прекрасный, добрый поступок, исполненный любви.*

Урок. *Позаботьтесь о тех, кто присматривает за больным человеком. Четыре сестры и лучшая подруга моей мамы провели вместе с нами по 3–4 недели, помогая заботиться о ней. Это было очень важно, поскольку с некоторыми вещами я не справлялся. Я мог принести им хоть какую-то пользу, помогая сделать их пребывание с нами более приятным. Одна из моих тетушек просто любила поговорить. Я выступаю перед аудиторией ради заработка, но дома мне нужно слышать голоса детей и жены, а сам я говорю мало. Тем не менее я допоздна не ложился спать и часами разговаривал с тетей ни о чем.*

Другая моя тетя любит выпить и играет в азартные игры. Я возил ее в дешевое казино в Саммерлине, давал сотню долларов и садился вместе с ней за стол рулетки со ставками по 25 центов, пока она пила свой коктейль «Белый русский». Тетя напивалась и начинала флиртовать с любым, кому не посчастливилось подойти со своими четвертаками к нашему столу. Как-то раз она сняла с одного мужчины ковбойскую шляпу, водрузила ее себе ниже пояса и закричала: «Этот ковбой — ходячий труп!» Я даже не знаю, что все это значило. Несколько раз мне хотелось застрелиться от стыда. Но моя играющая в рулетку и распивающая коктейли тетя каждое утро купала мою маму — и я любил ее за это.

Лучшая подруга моей мамы Карсен была алкоголичкой. Кроме того, у нее была зависимость от обезболивающих — через три года после ухода мамы она вошла в число 40 тысяч человек, ежегодно умирающих от опиоидов. Я покупал ей скотч Johnnie Walker Blue Label (обычно она пила Red Label), и мы почти каждый вечер готовили блюдо «горячие кармашки» и запивали их скотчем. Карсен просто хотелось, чтобы кто-то выпил с ней, после того как моя мама уснет. Водите свою маму в кино, ходите с ней куда-нибудь на обед и вместе совершайте прогулки. Ее ждет трудный путь — нести на себе основное бремя ухода за отцом.

***Урок.** Установите границы. Очень важно, как проведет свои последние дни на земле Ваш отец, но Ваша собственная жизнь не менее важна. Вы должны жить. Когда моя мама болела, я каждый четверг покидал ее и уезжал в Нью-Йорк или Майами, чтобы пообщаться с друзьями или сделать что-нибудь* *настоящее. Ваши достижения говорят о том, что родителям удалось создать для Вас позитивную обстановку. Важнейшую роль в этом играет материальная обеспеченность, для достижения которой в Вашем возрасте необходимо профессионально расти. Надо полагать, Ваш отец оценил бы, что Вы внесете коррективы в свою жизнь, но не хотел бы, чтобы Вы полностью изменили ее, поставив карьеру на паузу. По всей вероятности, у Вас будут свои дети, а значит, внукам Ваших родителей нужна будет мать, которая сможет их обеспечивать и чувствовать свою профессиональную состоятельность. Только Вы можете решить, как найти этот баланс и что он значит для Вас.*

Как правило, люди живут дольше, чем прогнозируют врачи. Моей маме дали три месяца, а она прожила семь. К несчастью, она умерла в одно воскресенье за полчаса до моего возвращения. Жаль, что меня не было рядом с ней в тот момент, но все же я не изменил бы своего подхода. Если бы у меня не было хоть какого-то подобия жизни, рядом со мной было бы тяжело находиться (не такой уж я приятный человек, если уж на то пошло). Это существенно ухудшило бы атмосферу в доме. Во время одного из таких выходных я встретил женщину, которая два года спустя родила мне сына, а затем еще одного. Если бы я не позаботился о собственной жизни, потребностях и счастье, у моей мамы, скорее всего, не было бы внуков. Ей было бы приятно знать, что у меня есть сын, который похож на нее; кстати, его второе имя — Сильвия.

***Урок.** Совместный просмотр медиа. Мы с мамой оба любили телевидение и часто смотрели передачи* *вместе. Это было просто замечательно. Сериал «Фрейзер», телевикторина Jeopardy!, сериалы «Все любят Рэймонда» и «Друзья». Какие программы нравятся Вашему отцу? Если это книги, читайте их ему; если музыка — слушайте вместе. Смотрите его любимые фильмы.*

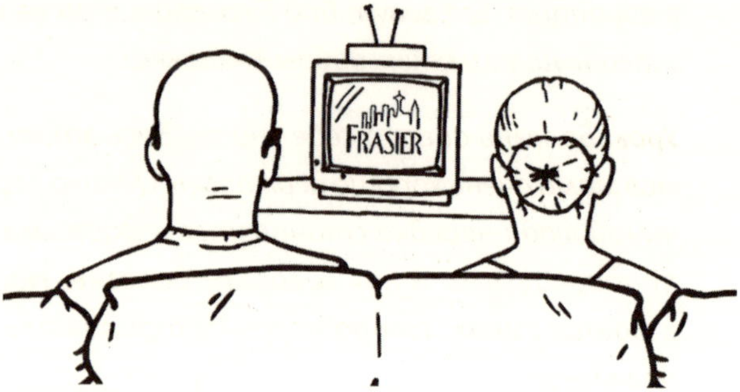

Урок. *Помогите отцу вспомнить важные моменты жизни. Мы с мамой рассматривали фотографии, и я просил рассказывать мне истории из ее детства и взрослой жизни — это доставляло удовольствие нам обоим и позволяло ей заново прожить свою жизнь. Помогайте отцу в этом как можно больше.*

Урок. *Пусть ничто не останется недосказанным. Невозможно слишком часто говорить отцу «Я люблю тебя» или выражать ему свое восхищение. Просто невозможно! Я часто сидел рядом с мамой на диване, держа ее за руку, плакал и говорил, как мне грустно, что она заболела.*

Урок. *Люди будут удивлять и расстраивать Вас. Несколько близких друзей моей мамы так и не проведали ее и даже не очень часто звонили. Похоже, они боялись* *заразиться. Не думаю, что они плохие люди — просто они иначе все воспринимали. Напротив, последний начальник мамы, успешный человек на двадцать лет моложе ее, вместе со своей семьей каждый месяц садился в самолет и прилетал ее проведать. Он сидел с ней рядом (а у нее была рвота каждые 15 минут) и целый час разговаривал с ней, прежде чем вернуться в аэропорт. Его зовут Боб Перковиц, и он не только успешный, но и очень добрый человек.*

Урок. *Болезнь дает о себе знать. Весь этот период моя мама очень хорошо держалась. Однако перед кончиной люди нередко становятся вздорными и даже придирчивыми. В них говорит болезнь. Насколько в Ваших силах, старайтесь игнорировать такое поведение.*

Что я точно знаю

Будучи отцом двоих детей, я могу в какой-то мере соотнести себя с Вашим отцом. Я часто размышляю о своей кончине, для того чтобы принимать правильные решения сейчас. Я убежден: в конце жизни родителям нужны две вещи: знать, что члены семьи любят их, и осознавать, что их любовь и забота обеспечила детям необходимые навыки и уверенность в себе, позволяющую им приносить пользу и жить полноценной жизнью.
Ваше письмо и профиль в LinkedIn подтверждают, что Ваш отец достиг и того и другого. Иметь такую замечательную дочь должно быть для него огромным утешением.

С наилучшими пожеланиями, Скотт

ЛЮБИТЕ ЧУЖОГО РЕБЕНКА

Пятьдесят процентов браков заканчиваются разводом. Во времена моего детства в Калифорнии их было 60 процентов. Когда я рос, меня повсюду окружали мачехи и отчимы[8]. Мать моего лучшего друга Адама после развода жила с симпатичным, спокойным студентом юридического факультета по имени Пол, который заговаривал в основном только тогда, когда мне пора было уходить. Пол был одним из первых мужчин, которых, если судить по моим воспоминаниям, я считал крутыми. У него были классные солнцезащитные очки, и по мере того, как развивалась его карьера, он ездил на все более крутых тачках 1980-х, 1990-х и 2000-х: Datsun 260Z, Porsche 911 и Ferrari (не помню модель). Пол неизменно был примером для подражания для Адама и его сестры, которые, как и я, с родным отцом виделись только каждые вторые выходные.

Один мой друг из Флориды по имени Джимми тоже отчим; он обменял жизнь пилота, возившего богачей по Карибским островам и отдыхавшего там вместе с ними, на обычную семейную жизнь с женой и двумя дочерьми школьного возраста. Он хвастает тем, что ему удалось наладить контакт со старшей дочерью, устроив ее на съемки в сериал «Дикий тунец», и говорит о девочках как о своих родных детях — и они действительно ему родные.

После того как родители расстались, у меня появилась мачеха — Линда, жена номер 3. Отец был женат четыре раза, и моя мама, жена номер 2, называла ее «та сучка», поскольку периоды второй и третьей жен немного пересеклись (см. выше: это было в семидесятых). Не думаю, что моя мама и Линда когда-либо находились в одной комнате.

Даже с моим отцом мама отказывалась находиться в одном помещении — вплоть до окончания моей учебы через двадцать лет после их развода. Словом, все складывалось так, что я должен был испытывать неприязнь к своей мачехе и даже ненавидеть ее. Однако Линда была хорошей женщиной и прекрасно ко мне относилась. Когда ей было двадцать с небольшим, она узнала, что не сможет иметь детей, и когда перед ней появился воспитанный мальчик без двух передних зубов в плисовых брюках и футболке, она в него влюбилась.

Линда была первым человеком, который меня баловал. Она пекла для меня, чего не бывало в нашем доме, поскольку мама целый день работала и как истинная британка не ладила с кухней. Линда готовила замечательное печенье «конский каштан» с кремом из арахисового масла в темном шоколаде. Когда рабочий график не позволял мне увидеться с отцом около месяца, она пекла это печенье, заворачивала каждое в фольгу и отправляла мне по почте.

Однажды в пятницу Линда объявила, что поведет меня в магазин игрушек Toys «R» Us, где я смогу купить то, что пожелаю. Мы шли между рядами стеллажей, и Линда следила за моим взглядом. Она заметила, что я присматриваюсь к самолетикам с дистанционным управлением. Остановив меня, она спросила, какой самолетик мне нравится. Я был слишком смущен, чтобы признаться в своем желании; кроме того, неоправданная трата денег была в моей семье преступлением, а самолетики стоили аж 30 долларов! Но все это не имело значения. Я хотел модель Р-51 — и Линда купила мне игрушку, а затем мы с отцом отправились на автостоянку и несколько часов пытались поднять его в воздух.

Вскоре Линда обнаружила, что врачи ошиблись в ее диагнозе. Она ждала ребенка. Когда я приехал в больницу, чтобы первый раз увидеть сводную сестру, Линда преподнесла мне подарок — пижаму с изображением бассет-хаунда и надписью «Я особенный». Даже в такой ситуации она нашла время купить мне подарок, чтобы дать понять, что по-прежнему любит меня. Некоторые люди просто рождены замечательными.

Большинство млекопитающих отдадут жизнь, защищая потомство. А нас делает людьми не только отстоящий большой палец, но и способность к сотрудничеству, в основе которого лежит то, что свойственно только человеку: речь, культура и долгое детство. Одна из самых достойных форм сотрудничества, позволяющая нашему виду развиваться, — это забота о тех, с кем у нас нет биологического родства. Мне не всегда нравится, как ведут себя мои дети, и в большинстве случаев не нравятся чужие дети, но я не могу не считать чудом то, что люди способны любить детей, которые не пахнут, не выглядят и не ощущают так же, как они. Смерть, болезни и разводы — все это приводит к тому, что многие дети живут в неполных семьях, в плохих условиях.

По-моему, самый быстрый путь к созданию лучшего мира — это не экономическое развитие и разработка новой, продвинутой модели смартфона, а увеличение количества людей, которые по непонятным причинам испытывают любовь к чужим детям[9]. Такие люди, как Пол, Джимми и Линда, которые всегда рядом, готовят выпечку, смотрят плохое кино, покупают не желающие летать самолетики, делают нас более человечными. Моя мама ушла из жизни, но на этот День благодарения в нашем доме будет гостить Линда — не такая уж злая мачеха.

ЦЕНИТЕ ТО, ЧТО ВАМ СОПУТСТВУЕТ УДАЧА

В последнее время я часто думаю о СПИДе. Надеюсь, человечество больше никогда не столкнется со столь разрушительной эпидемией. В 2017 году от последствий этого заболевания умер один миллион человек, а с самого начала эпидемии заразились 36 миллионов. В целом ВИЧ погубил приблизительно население Канады.

Подобно тому, как раньше наше общество переложило войну на плечи молодых людей, считавших себя в долгу перед нашей страной — в отличие от растущего сегодня поколения, которое считает, что страна обязана им, — мы дистанцировались и оградили себя от большей части страданий и борьбы со СПИДом. Ее называли болезнью геев — и нам просто удобно считать безответственными людей, которые на самом деле стали ее жертвами. На мой взгляд, реакция американских граждан на эту катастрофу останется темным пятном в нашей истории.

В 1985 году, сидя в столовой университетского братства, я читал статью в Los Angeles Times об ученых, которые добились успеха в создании вакцины от ВИЧ. Эта новость означала конец абстрактной беды под названием СПИД, к которой никто из нас не имел никакого отношения. Однако это был еще не конец. Каждый из нас знает нескольких человек, которые умерли от последствий этой болезни.

ВИЧ — идеальный вирус: он распространяется половым путем. Я намекаю на то, о чем все восемнадцатилетние парни всегда думали и чем занимались. Теоретически все молодые люди — его агенты и воины. Наше поколение находило себе слабое утешение в том, что СПИДом болеют люди нетрадиционной сексуальной ориентации, а также в том, что никто из нас не был знаком ни с одним из них. Тем не менее, как выяснилось, мы были с ними знакомы. Многие были гомосексуалистами. Просто большинство гетеросексуалов не знали об этом. Любой, к кому вы испытывали симпатию и кто казался нормальным, не мог быть геем, поскольку тут же попал бы в категорию извращенцев. Гомосексуалистом точно не мог быть никто из наших знакомых.

В 1980-х годах в Калифорнийском университете в Лос-Анджелесе невозможно было открыто признать себя геем, каким бы храбрым и уверенным в себе вы ни были. Гомосексуализм считался чем-то противоестественным. Мы были юношами и девушками из образцового университета — примером всего разумного и благопристойного; здесь не было места отклонениям от нормы.

Близились времена, когда к геям стали относиться толерантнее. Их еще не принимали, но терпели. По окончании университета несколько моих друзей сообщили о своей гомосексуальности. СПИД охотился на них, подстерегая повсюду и нанося удары. Болезнь могла поразить любого: инцидент с заражением донорской крови показал, что ВИЧ опасен не только для геев. Оказывается, вирусом поражена примерно половина жителей страны, страдающих гемофилией. Гетеросексуальные люди тоже могли подхватить его. Незащищенный секс означал несколько дней волнения, после которых наступала стопроцентная уверенность в том, что вы заразились.

Однажды я прочитал о концепции Даниэля Канемана о быстром и медленном мышлении[10]. Наше быстрое мышление приносит пользу, но лишено тонкостей. Медленное мышление позволяет учиться и развиваться; оно информирует быстрое мышление... я так думаю. Учеба в колледже стала для меня периодом быстрого мышления. Гомосексуалисты назывались «гомиками», а словом «гей» презрительно описывали нечто слабое и противоестественное. Десятилетие после окончания колледжа ознаменовалось переходом к медленному мышлению: мы узнали, что многие из тех, кого мы любим, геи. У них были те же надежды и проблемы, что и у нас, только их преследовала новая чума, а друзья умирали.

После продажи первой интернет-компании Aardvark мы с бывшей женой переехали из дома с двумя спальнями в Потреро-Хилл в дом с пятью спальнями в районе Ной-Вэлли. Этот дом расположен недалеко от того места, где сейчас живет Марк Цукерберг. Я ненавижу себя за то, что продал его, поскольку, во-первых, наверняка он стоит теперь не менее 10 миллионов долларов и, во-вторых, мне доставляло бы огромное удовольствие сидеть на крыльце в спортивном костюме и кричать соседу: «Как дела, кремлевская подстилка?»* Но я отклонился от темы.

---

* Речь идет о статье в The Times, в которой в адрес Цукерберга прозвучали обвинения в пособничестве дезинформационным операциям России против Запада, на что Марк Цукерберг заявил, что обвинения ложны и несправедливы. *Прим. ред.*

В магазине Castro, куда мы отправились за мебелью для наших пяти спален, повсюду сновали тени. Это были мужчины 30–40 лет, болезненно худые, с язвами по всему телу. Тридцатипятилетние мужчины выглядели на восемьдесят и были на грани смерти. Призраки окружают нас.

Принято думать, что в преддверии кончины можно порассуждать о долгой благополучной жизни и почувствовать любовь, которую вы отдавали и получали. Жизнь и тела этих молодых людей разрушил вирус. Она прошла в обществе, которое решило, что на самом деле они не жертвы. Незадолго до этого нашим президентом был Рейган, и за восемь лет пребывания в Белом доме он ни разу не произнес слово «СПИД».

Вот имена моих университетских друзей, заразившихся ВИЧ:

— Билл Ааронс из братства Lambda Chi. Этот спокойный, красивый парень, как мы узнали впоследствии, страдал гемофилией.
— Рон Бахам из моего братства. Стильный чернокожий парень с голосом кинозвезды.
— Пэт Уильямс из Визалии — мой сосед по комнате на первом курсе. Пэт вырос на ферме и приехал в университет, чтобы изучать театральное искусство. Он всегда жевал табак. Пэт постоянно брал (читай: воровал) мою одежду, что было в порядке вещей, поскольку мы оба брали (воровали) одежду у другого нашего соседа по комнате, Гари.
— Том Бейли — мой лучший друг и партнер моего друга Джима. Красивый парень из Атланты, он стал креативным директором рекламного агентства; они с Джимом любят друг друга.

Первым ушел из жизни Билл Ааронс. Он заразился вирусом из-за введения в кровь коагулирующих факторов, изготовленных из донорской крови, — это лечение избавило его от тирании гемофилии.

Рон стал талантливым агентом CAA и к тридцати годам уже был директором нынешнего телеканала Disney. Я видел его на свадьбе наших друзей через десять лет после окончания университета. Было очевидно, что его болезнь прогрессировала. Через несколько месяцев он позвонил нескольким людям, с которыми, по его мнению, должен был помириться, а потом смешал коктейль из двух десятков капсул валиума и стакана водки и выпил. Он умер в тридцать три года.

Пэт боролся со своей сексуальной ориентацией, посещая лагеря, организованные религиозными группами, которые считали гомосексуальность приобретенной и поддающейся перевоспитанию. Он просто исчез, хотя всем нам следовало бы быть ему хорошими друзьями, как было в колледже. Один из членов нашей группы, ставший успешным стоматологом, ставил Пэту пломбу, когда тот уже был в плохом состоянии. Пэт заявил, что страдает тяжелой формой болезни Лайма. Он мучился, но все же не доверял нам и не хотел нашей дружбы и любви, поскольку был хорошо знаком с быстрым мышлением в Калифорнийском университете. Я слышал, что Пэт умер около десяти лет назад, но никто из нас точно не знает, где и когда. Неловко и стыдно сознавать, что мне не хватило порядочности найти его и сказать, каким удивительным человеком я его считаю (он был очень креативным и обладал безграничной энергией), а также что я думаю о нем. Прости меня, Пэт!

Том Бейли, попавший в теплые объятия науки, двадцать лет проходит антивирусную терапию. Помимо того что сделал успешную карьеру в сфере рекламы, Том открыл студию раскрутки и работает там инструктором. Он крестный отец моего старшего сына. Том — никудышный крестный отец, но он здоров и женат на моем лучшем друге. И этого достаточно.

НАЙДИТЕ СВОЙ РАЙ

На прошлой неделе мой семилетний сын спросил: «Что такое рай?» Я не был готов читать ребенку семи лет лекцию об атеизме, поэтому спросил, что он об этом думает. Малыш ответил: «Это место, куда уходишь после смерти, чтобы быть со своей семьей». Я на сто процентов уверен в том, что Бога нет, и считаю идею о существовании сверхсущества иррациональной, но с возрастом стал осознавать, что объяснять возникновение Вселенной Большим взрывом (сначала не было ничего, а затем произошел взрыв) иррационально не в меньшей степени.

Когда я был моложе, то всегда за что-то цеплялся, что-то искал: больше денег, больше признания, больше значимости, более масштабные, яркие впечатления. Подобно героям романа Энн Райс «Интервью с вампиром», которые могут заниматься сексом, но никогда не достигают оргазма, мне всегда чего-то не хватало. До появления детей моя жизнь сводилась к наращиванию желаний: «Хочу большего... Черт побери, я хочу большего!» И утолить этот голод удается только тогда, когда я провожу время со своей семьей.

В последнее время мой младший сын стал плохо засыпать, поэтому мы с ним медитируем вместе, делаем растяжки и другие упражнения, чтобы очистить свой разум. Обнаружив способ, который помогает отсрочить отход ко сну на целый час, он просит меня — в тот вечер, когда я дома, — «очистить его разум». Мы проделываем всю процедуру, а в конце я провожу указательным пальцем по его лбу, затем по носу и губам, подбородку, заканчивая на шее. Сын погружается в сон, затем просыпается, находит меня рядом, переворачивается, забрасывает на меня свободную руку или ногу и снова засыпает. В такой момент «все это» наполнено смыслом: я рядом с родными и присматриваю за ними; я чувствую себя сильным, неподвластным времени, бессмертным. Мой ребенок оценивает мою значимость по факторам, не имеющим отношения к современному материальному миру, и он выбирает меня. Я со своей семьей, меня любят, и я обрел покой. Я в раю.

Я не верю, что после смерти мы попадем в потусторонний мир, но, думаю, можем обрести рай здесь, на Земле. Когда моя жизнь приблизится к концу, мне хотелось бы, чтобы сыновья и жена легли рядом со мной, «очистили мой разум», провели пальцем по моему лбу и опутали меня руками и ногами. Для меня это и есть все — больше ничего не нужно. Я отправлюсь в рай, просто немного раньше времени.

ЛЮБИТЕ ТЕХ, КТО РЯДОМ С ВАМИ

Недавно я впервые за двадцать лет побывал на встрече выпускников. Беркли, где я получил диплом MBA, — удивительный университетский городок; в этом году из него выйдет больше юношей и девушек из семей с низким уровнем дохода, чем из всех престижнейших университетов Лиги плюща, вместе взятых. Меня попросили выступить с речью и предложили мне и моим сыновьям выйти на поле перед началом матча с командой Аризонского университета Wildcats.

Традиция устраивать встречи выпускников родилась в Университете штата Миссури, когда его руководители подумали, что было бы хорошо принять бывших выпускников в университетском городке. Футбольный матч в честь встречи выпускников обычно проходит после возвращения команды из самой долгой поездки и намеренно устраивается против слабого соперника, чтобы выпускники могли испытать гордость своей альма-матер, разгромив противника, — весьма характерное для американцев занятие.

В Сан-Франциско и Беркли я испытывал смешанные чувства. Теперь у меня не только другая жизнь, но и другая жена, поэтому меня переполняли противоречивые эмоции, в том числе чувство вины за тот период жизни. Кроме того, психически нездоровые бездомные люди[11], усеивающие тротуары рядом с домами, в которых молодые люди 20–30 лет мечтают накопить акционерный капитал размером с бюджет небольшой европейской страны, «делая мир лучше»[12] с помощью SaaS и беспилотных автомобилей[13], на мой взгляд, выглядят как отвратительная антиутопия. Однако на этот счет у меня нет четкой позиции, поскольку я был и остаюсь мечтателем. Лицемер!

Мой близкий друг Джордж уговорил меня поехать на встречу. По его словам, очень важно «найти время, чтобы посетить людей и места, встречавшиеся на твоем пути», — мне такой аргумент показался весьма поэтичным. Ненадолго это чувство затмило циничный вывод, к которому я пришел еще в средней школе: тот, кто приходит на встречи выпускников, уже достиг пика и с тех пор не сделал ничего особенного.

ВОЗВРАЩЕНИЕ ДОМОЙ

Возвращение домой приобретает в моей жизни все большее значение. Подобно имперскому истребителю TIE, вырывающемуся из утробы боевой космической станции «Звезда смерти» с приостановленным тяговым лучом, я уезжаю в командировки с решимостью и уверенностью в себе. Я выполняю... миссию.

Несколько дней я провел в книжном туре с остановками в Бостоне, Сиэтле, Сан-Франциско, Лос-Анджелесе, Бентонвилле и Далласе. Однако во второй половине каждой деловой поездки тяговый луч снова включается.

Я могу находиться в далекой-далекой галактике, и у меня остается так много дел, что я едва с ними справляюсь, но притяжение становится все сильнее и меня влечет домой.

Не думаю, что когда-нибудь это притяжение станет сильнее, чем сейчас. Когда есть дети, достаточно подросшие, чтобы казаться совершенными созданиями, но недостаточно взрослые, чтобы замечать ваши несовершенства, у вас создается ощущение безгрешности и радости, которое, по моему глубокому убеждению, я не смогу испытать до тех пор, пока у меня не появятся внуки. Получить такой подарок судьбы, как замечательная спутница жизни, разделяющая со мной эту радость, — величайшее достижение. Мои студенты тратят много времени на размышления о правильном выборе карьеры[14], но профессия всего лишь дальний родственник всех важных решений, совокупно задающих тон всей жизни, — выбора спутника.

Я не испытывал ничего подобного до тех пор, пока у меня не появились дети. Когда родился наш первый сын, я целыми днями работал в L2 и часто проезжал три квартала до нашего дома, чтобы искупать его, а затем снова возвращался на работу. Когда машина заворачивала в наш квартал, я прибавлял скорость. Выброс дофамина перед встречей с человеком, которого вы рады видеть, — вот что продлевает молодость. Это чувство направляет внимание на лучшую сторону вашего «я» — на ту часть вас, что заботится о других людях и с нетерпением ждет возможности побыть рядом со своей половинкой, поскольку вместе вы лучше, чем по отдельности. Вы целое, что больше суммы слагаемых. Семья, друзья, партнеры, коллеги — человеческий вид процветает благодаря сотрудничеству и взаимной поддержке, поэтому в мозге неизменно включается реакция, вызывающая счастье, которое переполняет нас в предчувствии встречи с близкими людьми.

Сидя в самолете в двадцать третьем ряду посредине, я печатаю текст одной рукой, поскольку мой сосед шире своего кресла обычного размера[15]; ем невкусные крендельки и радуюсь. Я нахожусь в зоне действия тягового луча... Я возвращаюсь домой.

ДЕТИ — ВСЕ ДЕЛО В НИХ

В бизнес-школах весьма популярен такой предмет, как сегментация рынка — разделение крупного однородного рынка на сегменты с одинаковыми потребностями или желаниями. После сегментации необходимо разработать продукты, установить цены и обеспечить восприятие продуктов таким образом, чтобы все это отвечало предпочтениям соответствующего сегмента потребителей.

По мере развития маркетинга менеджерам пришлось разбираться, как разделывать эту «свиную тушу» и продавать разные части разным людям по разным ценам и причинам, чтобы получить прибавочную стоимость. Дифференциация продукта, реальная или воспринимаемая, представляет собой одну из форм ценовой дискриминации, позволяющую максимально увеличить доход, предлагая некоторым потребителям возможность купить продукт по цене ниже себестоимости.

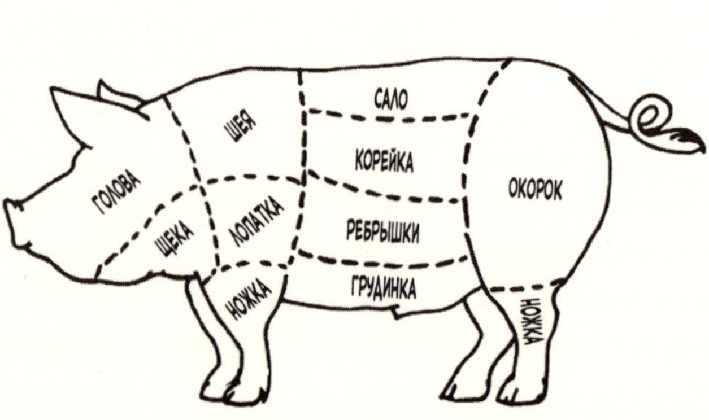

Сегментация становится все более искусной — и выходит за рамки здравого смысла. Место в ряду у аварийного выхода называется теперь местом класса эконом-плюс и стоит на 29 долларов дороже. Кресло ближе к носовой части самолета обойдется вам в дополнительные 40 долларов и обеспечит еще около десяти сантиметров пространства. Раскошелившись, вы можете повысить класс номера в отеле с «королевского» до «королевского повышенной комфортности» и за дополнительные 79 долларов получите еще диванчик на двоих и столик.

Среди детей мы выделяем любимчиков. Знаю: это звучит ужасно. Людям свойственно все классифицировать, поскольку раскладывание по полочкам помогает мыслящему существу, например менеджеру, добиваться успеха — распределять ресурсы или капитал таким образом, чтобы получить более высокую прибыль, чем у конкурентов. Обратите внимание: сказанное выше — это глупый (педантичный) способ «расставить приоритеты». Да, у меня есть любимчик — всегда. Думаю, у большинства родителей так же. Конечно, это плохо. Но к счастью, эта роль попеременно достается то одному, то другому ребенку. Мы храним в тайне имя сегодняшнего счастливца, словно код запуска ядерных ракет. Такое признание выставило бы вас ужасным родителем — таким как Стив Джобс.

Старшего сына я водил на Чемпионат мира по американскому футболу, поэтому младший знал, что я перед ним в большом долгу. Просто поразительно, откуда дети, не умеющие правильно надеть пижаму, знают о ценности нематериальных активов и как им удается четко дать вам понять, что вы задолжали им нечто особенное. В ответ адвокату в пижаме задом наперед пришлось сказать: «Мы можем сделать все, что ты захочешь». Но сын тут же раскрывает блеф: «Я хочу поехать в парк "Острова приключений" и в аквапарк "Залив у вулкана"». Нет, только не это! Похоже, втайне он нанял консультанта, и тот научил его, как добиться от папы того, что он не сделал бы ни для кого на свете.

В ОРЛАНДО ИЛИ СМЕРТЬ!

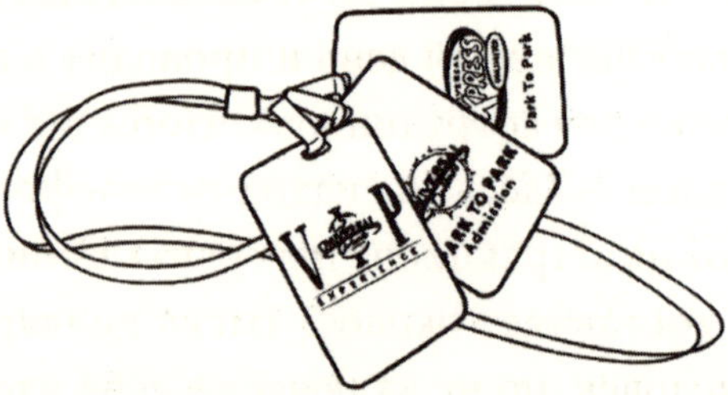

Мы остановились у заправки, где мне стало ясно, что крупные нефтяные компании хорошо разбираются в сегментации. Автозаправочные станции компании Shell сегментируют топливо — обычный, неэтилированный и бензин высшего качества. Я попросил заправить мой автомобиль бензином высшего качества, поскольку в компании знают, что парни вроде меня заплатят 27 центов за галлон сверху[16] за хороший бензин — впрочем, кто знает, лучше ли он? Мы купили билеты на два дня в два парка. Однако специалисты по стратегии из Comcast нашли способ повысить рентабельность валовой прибыли на 100 процентов, предложив экспресс-доступ к аттракционам, иначе говоря, возможность проходить без очереди за дополнительные

85 долларов на один билет. Конечно же, мне следует заплатить. Помимо этого, еще за 10 долларов (всего 95 долларов) я могу приобрести неограниченный экспресс-доступ — а именно право проходить без очереди к одному аттракциону не один, а много раз. Разве такое можно представить?

Тестирование позволило установить, что любой, кто готов заплатить 85 долларов за доступ к аттракционам без очереди, согласится заплатить 95 долларов за то же самое, но чуточку лучше. Чтобы отдать должное одному проценту самых богатых, теперь организуются еще и персональные VIP-экскурсии по тематическим паркам: гид сопровождает вас целый день и проводит в двери с надписью «Только для сотрудников», чтобы вы могли заглянуть за кулисы («Здесь мы находим телефоны, которые люди теряют на аттракционе наверху»). Стоимость такой экскурсии составляет около 3 тысяч долларов за группу из 1–5 человек, но не включает в себя входной билет в парк. Развлечения — серьезный бизнес.

ПИРАМИДА ФЕОДАЛЬНОГО ОБЩЕСТВА

Если вы подумали, что такая общенациональная стратегия служит интересам группы людей, на чью долю приходится 85 процентов роста доходов после экономического спада (один процент богатейших людей)[17], доверьтесь своему чутью. Экономика и система ценообразования превращают нас в общество, в котором 350 миллионов крепостных служат трем миллионам вельмож.

ПОТТЕР

Тематический парк «Волшебный мир Гарри Поттера» — лучший продукт на рынке развлечений, что тут еще скажешь? Креативные аттракционы, замечательный персонал, великолепная визуализация, вдохновляющий опыт. Толпа, ждущая возможности проехаться на книжном шкафу по Хогвартсу, вполне может вызвать приступ цинизма у такого скептика, как я. Однако первый день прошел прекрасно. «Волшебный мир» оказался чудесным: сливочное пиво и аттракционы — все это было очень круто, хоть, неизбежно вызывая тошноту, несколько смахивало на курс химиотерапии.

«Волшебный мир Гарри Поттера» тоже овладел искусством сегментации: он предлагает посетителям купить волшебную палочку юного волшебника (из остролиста, с сердцевиной из пера феникса длиной 28 сантиметров) за 49 долларов. Погодите! Есть кое-что еще. Эта палочка делает нечто невероятное, как и положено волшебным палочкам. Если взмахнуть ею у окна в Косом переулке, страница книги перелистывается сама по себе. Я знаю: это **поразительно** — страница сама переворачивается! Но если вы хотите заполучить такое волшебство, вам придется купить палочку с «интерактивной силой» за 59 долларов.

Завершился этот день в ресторане Toothsome Chocolate Emporium & Savory Feast Kitchen. Для родителей повести ребенка туда — это своего рода способ сказать ему: «Я так сильно тебя люблю, что позволяю есть шоколад и маршмеллоу на ужин».

Второй день превратился в настоящее испытание. Мы отправились в аквапарк «Залив у вулкана», словно спроектированный Нилом Армстронгом или Джейсоном из фильма «Пятница, 13-е». В вашем браслете TapuTapu может быть предварительно установлен определенный статус. А может, и нет — обратитесь к смотрителю парка, чтобы получить другой браслет, если захотите попасть на аттракцион без очереди.

Мой сын и его друг Чарли (замечательный мальчик: радостный, вежливый и бесстрашный) идут впереди, требуя, чтобы мы побывали везде. Присутствие Чарли вселяет в моего сына уверенность в себе, и это помогает ему покататься там, куда в обычных обстоятельствах он и не просился бы, поскольку, заметив на лице отца страх или ужас, молча прошел бы мимо. Но не таков Чарли! Ему восемь лет, ростом он 1,27 метра, весом 23,5 килограмма, и этот парень **ничего** не боится.

В конце дня после посещения аттракциона Honu ika Moana я борюсь с неполадками в среднем ухе. На улице 33 градуса жары и влажно. Кожа сгорела, я выпил слишком много сливочного пива, меня тошнит и, весьма вероятно, хватит удар. А может, я даже запла́чу. К счастью, пора уходить. Однако мой младшенький, который, как я уже говорил, даже пижаму не может надеть правильно, все еще настроен вести переговоры. «Пап, можно прокатиться еще на одном аттракционе?» — «Конечно», — отвечаю я.

Сын переходит к тяжелой артиллерии. «Я хочу на Ko'okiri Body Plunge». Это аттракцион в виде трубы, которая проходит в центре полинезийского вулкана высотой в восемь этажей (построенного рабочими из Польши). Для того чтобы попасть ко входу, придется забраться в пневматический транспортный желоб, предназначенный для тех, кто решился спуститься с вулкана со скоростью 137 километров в час в темном герметичном цилиндре. Эта задача мне не под силу. В итоге отец, то есть я, приходит к выводу, что мальчики уже достаточно выросли, и отправляет их взбираться на 476 ступенек, условившись встретить в бассейне, куда их исторгнет вулкан Коокири. Все свои родительские решения я отдаю на откуп рисованному щиту, который с учетом достаточного роста моего сына уверяет меня в том, что опекать его мне не нужно. Отлично!

Подойдя к бассейну у основания вулкана, я жду. Проходит слишком много времени. Где же мой мальчик? Он застрял в капсуле и кричит там? А что, если он не сел в капсулу и бродит у верхушки трубы, задаваясь вопросом, где его папа? Наконец вылетает друг моего сына, он выглядит только немножко напуганным приключением. Значит, думаю я, мой сын мчится в вулкане со скоростью 1/10 скорости звука. Я пытаюсь оставаться спокойным, хотя и волнуюсь. Сильно.

Стоя на краю бассейна, я жду своего мальчика. И наконец мой восьмилетний сын, выживший после погружения в вулкан и снова ставший моим любимчиком, плюхается в воду. Его отец в купальном костюме, гавайских шлепанцах и носках под цвет костюма (надетые потому, что я забыл спортивные носки, но не хотел получить ожог кожи на ногах) стоит перед ним, вооружившись заверениями: «Это было потрясающе! Я так тобой горжусь!» — и шоколадным батончиком («Ты проголодался?»).

Мальчик потрясен стремительным спуском с вулкана Коокири, но взглядом сразу же находит меня и испытывает облегчение, даже удовлетворение. Сын спустился с высоты восьми этажей и теперь чувствует, что добился успеха, и просит все повторить. Он знает, что может сделать это, потому что мужчина в шортах и костюмных носках будет ждать его у подножия вулкана. Тот, кто любит его всей душой.

ЛЮБИТЕ БЕЗ ВСЯКИХ УСЛОВИЙ

В мире мало истин. Теория конкурентного преимущества, диверсификация, карма, мудрость толпы — все эти вещи я считал истинными, но они были низвергнуты. Существует ли на свете хоть что-то, от чего с уверенностью (почти) на сто процентов вы могли бы получить не просто отдачу, а вознаграждение при условии ваших вложений?

Внимание, спойлер: это любовь. Но здесь есть одна тонкость. Для этого вам придется стать таким человеком (в материальном, эмоциональном и духовном плане), который способен любить кого-то всей душой, не ожидая ничего взамен. Вот это и есть истина.

Вселенная выбирает процветание и прогресс. Когда гаснет источник всего живого — в нашей системе это звезда по имени Солнце, — запускается процесс рождения новой звезды, лучшего солнца. Поскольку все в нашем мире развивается, Вселенная создает стимулы для обеспечения этого естественного порядка вещей. В перспективе рынки растут, да и физический рост каждого последующего поколения выше, чем у предыдущего.

Все, что способствует прогрессу, приносит глубокое внутреннее удовлетворение, ведь люди должны продолжать есть, заниматься сексом и любить. Самый важный фактор прогресса нашего вида, планеты и Вселенной — это безусловная любовь. Космос приветствует это явление, вознаграждая за такое поведение обретением глубокого смысла и благополучием, которого может достичь каждый.

Будучи атеистом, я верю, что дело именно в этом. Что на смертном одре, взглянув в глаза своих детей, я буду знать, что наша связь скоро оборвется. И все в порядке, поскольку меня это стимулирует. Осознание конечности жизни — благословение, поскольку оно позволяет сосредоточить все свое внимание на любви, прощении и достижении целей.

ЗДОРОВЬЕ

БУДЬТЕ СИЛЬНЫМИ

Как утверждает доктор Генри Лодж, представители человеческого вида, будучи охотниками и собирателями, счастливы в движении и в окружении себе подобных. Я уже говорил, что сочетание упорного труда с умением перенимать чужой опыт (как при просмотре спортивных передач) предвещает успех. Однако речь идет не о том, чтобы иметь рельефные мускулы, а о том, чтобы быть физически сильным и психологически устойчивым. CEO очень часто бывают приверженцами регулярной физической активности. Входя в конференц-зал в полной уверенности, что, случись что-нибудь, сможете убить и съесть всех присутствующих там, вы получаете преимущество. Но имейте в виду: делать это не следует.

На работе постоянно демонстрируйте как свою физическую силу, так и психологическую устойчивость — твердость характера. Работайте по восемьдесят часов в неделю. Оставайтесь спокойным в условиях стресса. Решайте серьезные проблемы с помощью силы и энергии. Люди заметят это. Будучи аналитиком Morgan Stanley, я каждую неделю работал даже по ночам — и это не убило меня, а сделало сильнее. Однако с возрастом такой подход к работе может вас погубить, так что совет хорош только для молодых.

188 САНТИМЕТРОВ, 85 КИЛОГРАММ — МОЙ РОСТ И ВЕС

Я уделяю большое внимание своим физическим параметрам: росту, весу и выносливости, поскольку в детстве был болезненно худым. При поступлении в университет я был чуть выше 190 сантиметров, притом что весил меньше 63 килограмм. После того как я занялся греблей и получил доступ к трехразовому питанию (с помощью Жанны, повара из нашего братства), на мне наросло 13,6 килограмма мышечной массы. После этого девушки наконец стали обращать на меня внимание, и это было великолепно. С тех пор сила и мышцы ассоциируются у меня с ценностью на брачном рынке. Сейчас я понемногу теряю выносливость, но еще не нашел другого способа чувствовать себя ценным. Я пытаюсь бороться со старением.

НЕ БЕСПОКОЙТЕСЬ ИЗ-ЗА ПУСТЯКОВ — И СЕРЬЕЗНЫХ ВЕЩЕЙ

С возрастом я все чаще обращаю внимание на свое настроение, пульс и давление. Недавно я побывал на конференции для предпринимателей и основателей компаний Founders Forum в Лондоне. По приезде оказалось, что я выступаю не на одном, а на двух пленарных заседаниях подряд. Моей соперницей была Джин Лю, президент китайской транспортной компании DiDi. И хуже того, она должна была выступать в зале Amber, который больше зала Cedar, где выступал я. Мой внутренний шакал сразу же отметил эту «вопиющую несправедливость».

Founders — это самый впечатляющий форум такого рода из всех подобных мероприятий, на которых я побывал за долгие годы. Я прибыл на место в два часа дня — голодным. В последнее время я нервничал, а в таком состоянии часто забываю поесть. Мне уже становилось плохо, поэтому я проглотил две чашки латте и яблоко за семь минут до выхода на сцену, где начал кричать на присутствующих и не прекращал делать это целых полчаса, пролистнув 143 слайда. Примерно через двадцать минут после начала выступления я получил по акустической системе сигнал о сердечной аритмии. К сожалению, я не только знаю об этой проблеме, но и чувствую ее, что выводит меня из себя.

Мысль о сигнале и двести человек, глядящих на меня, вызвали учащенное сердцебиение. Я попытался успокоиться, взглянув на светлую сторону происходящего: смерть на сцене — это сколько же просмотров на YouTube?

С возрастом я научился проводить различие между мелочами и серьезными вещами и не беспокоиться по пустякам. Впрочем, неправда. Как и смена часовых поясов и похмелье, с годами стресс только усиливается. Первые сорок лет жизни я, словно лунатик, блуждал во сне. Когда же начал больше задумываться о жизни, в голову стал приходить всякий вздор. По сравнению с теми, кто едва сводит концы с концами или страдает серьезными заболеваниями, у меня легкая жизнь, но в ней все равно есть стресс.

КОГДА ВСЕ ИДЕТ ПОД ОТКОС

Последние пять лет я сделал около четырехсот докладов, примерно в одном проценте случаев все пошло под откос. Я волновался, покрывался потом, у меня дрожал голос. Я хватал ртом воздух, чувствуя, что сейчас меня стошнит и я упаду в обморок. Мой доклад «Четыре всадника» на конференции Digital-Life-Design (DLD) в Мюнхене разошелся по сети — во всяком случае, в академическом мире, — что привело в действие ряд факторов, весьма полезных для компании L2: контракт на написание книги, поступление запросов, повышение осведомленности. Теперь я произношу вступительную речь на каждой конференции DLD. Однако в 2015 году на этом мероприятии мне неожиданно стало плохо. Я едва не потерял сознание прямо на сцене, поэтому вынужден был простоять тридцать секунд, опершись руками на колени. Добрые люди из DLD хотели отвезти меня в больницу, поскольку были убеждены в том, что у меня случился сердечный приступ. Ну вот! Кстати, мой доклад собрал 1,1 миллиона просмотров на YouTube. По всей видимости, почти никто из зрителей ничего не заметил: в комментариях было мало упоминаний об этом. Вот пример того, что ничто не бывает таким хорошим или таким плохим, как кажется.

В следующий раз мне предстояло принять участие в программе на канале Fox и высказать свое мнение о нападках Дональда Трампа на Amazon. Накануне этого события я получил письмо. В нем говорилось, что в программе будет принимать участие недавно назначенный главный советник президента по экономическим вопросам Ларри Кадлоу. Только после этого я обратил внимание на свой костюм. Почему-то я натянул на себя все, что было в шкафу, в том числе и толстовку, — на мне оказалось около одиннадцати слоев одежды.

Включилась типичная реакция на опасность, и я стал размышлять, как нейтрализовать страх. «Знаю, если я выпью немного... это успокоит нервы». Наверняка такое состояние большинство врачей называют алкоголизмом. Однако не опасение стать зависимым помешало мне проглотить несколько бутылок пива в ближайшем баре, а перспектива быть замеченным под хмельком в 9:45 утра в Мидтауне. В общем, не стал я пить, и все прошло хорошо.

Какое-то время я принимал бета-блокаторы, и они, похоже, избавили меня от тревожности. Но я не хочу, чтобы моя работоспособность зависела от каких бы то ни было веществ. Разумеется, если это не таблетки от бессонницы лунеста, кофе, сиалис*, приправа чипотле или растение каннабис — все это я называю пятью продуктами питания. Если бы я не был атеистом, разумно было бы исходить из того, что Бог постоянно напоминает мне о том, что не так уж я крут. Однако, на мой взгляд, меня преследуют панические атаки, причину которых я не понимаю.

---

* Лекарственный препарат для лечения от эректильной дисфункции (импотенции). *Прим. ред.*

ПЛАЧЬТЕ — ЭТО ПОЙДЕТ ВАМ НА ПОЛЬЗУ

Возможно, плач имеет какую-то адаптивную функцию, поскольку говорит о готовности сдаться («Пожалуйста, прекратите! Что же вы со мной делаете?!»), вызывает сочувствие и помогает родителям найти своих детей. Для младенцев плач — это способ восстановить равновесие после перевозбуждения. Один из возможных вариантов решения этой проблемы — имитировать пребывание ребенка в утробе матери с помощью пяти условий: пеленание, положение на боку или животе, фоновый шум, покачивание, сосание; об этом писал доктор Харви Карп. Гениальная находка! Если бы с младенцами не было так трудно, я всерьез задумался бы о третьем ребенке — только ради того, чтобы произвести впечатление на бездетных друзей научным подходом. Кроме того, от плача снижается стресс, вызванный всплеском эмоций, с которыми трудно справиться. Считается, что мужчины не должны плакать — вероятно, эта культурная установка связана с той самой готовностью «сдаться».

«СЕМЬЯ ПАРТРИДЖЕЙ»

Первый случай, запечатлевшийся в моей памяти, когда я плакал по-настоящему, произошел в девять лет. Мать ушла от отца, оставив меня с ним, — две недели спустя она за мной вернулась. В пятницу вечером в половине девятого мы с отцом смотрели записанную на DVD серию «Семьи Партриджей». Мы сидели на диване в одинаковых оранжевых купальных халатах, которые для американского среднего класса 1970-х были верхом роскоши. Мой отец получил эти шикарные халаты в подарок за участие в турнире по гольфу, проводившемуся его компанией. Для меня папа взял маленький халат, но на девятилетнего мальчика он все равно был велик на пять размеров. На наших ярких мягких халатах были вышиты флаг и надпись зеленым курсивом «Пеббл-бич». Я не знал, где находится Пеббл-бич, но мне было известно, что важные люди играют там в гольф, а значит, мой отец — важный человек.

Хоть я и не заметил, что две недели назад произошло нечто ужасное, но, когда на меня нахлынуло осознание этого, я вдруг разрыдался навзрыд, сидя в своей махровой турецкой палатке. Запаниковав, отец стал повторять: «Прости меня, что я могу сделать?» Я отвечал: «Ничего, просто мне грустно». Это был наш первый настоящий разговор.

Позже я потерял способность плакать примерно на десять лет, с тридцати четырех до сорока четырех лет. Я не плакал даже тогда, когда разводился и когда умерла мама. Думаю, я просто забыл, как это делается. Поскольку я зациклен на бизнесе, то всегда испытываю в связи с этим сильное напряжение, так как во многом моя самооценка зависит от профессионального успеха. Однако я никогда не плакал из-за бизнеса — хотя, можете мне поверить, несколько сотен раз для этого были основания. А после сорока пяти со мной стало твориться нечто странное: я постоянно плачу.

По моему убеждению, слезы приносят пользу. Горький плач означает, что человек с грустью вспоминает о прошлом или с ужасом думает о будущем. От счастья слезы льются тогда, когда перед человеком будто открывается вечность и он замирает в благословенном, бессмертном настоящем. В последнее время мои слезы, к счастью, относятся ко второй категории, поскольку темп жизни замедляется и я ловлю важные моменты — при общении с друзьями или проводя время с детьми. Чаще всего это случается, когда я смотрю фильмы или телевизионные передачи. Например, третий эпизод сериала «Американская семейка» заставляет меня прослезиться, а если я смотрю нечто подобное в самолете, со мной вообще творится что-то невообразимое. (Мой совет: не смотрите фильм «Глисон» в самолете.)

Кроме того, у меня все чаще возникает ком в горле, когда я стою перед 170 ребятами, которым едва исполнилось двадцать. Раньше меня это смущало, и я старался взять себя в руки. Но с возрастом мы становимся собой в большей степени, поэтому теперь я чувствую себя комфортнее, испытывая сильные эмоции и даже проливая слезы. Я заслужил это. Становясь старше, вы начинаете осознавать, что наше время в этом мире конечно, и хочется его остановить, чтобы переживать все эти острые моменты.

В депрессии человек не испытывает грусти — он ничего не чувствует. Плакать, особенно в присутствии близких или думая о них, — вполне естественное и радостное занятие. Слезы наворачиваются на глаза даже от мыслей об этом.

ГАРМОНИЯ ВМЕСТО БЛИЗОСТИ

Члены моей семьи, мой отец, сестра и я, по американским меркам, не очень близки. Никаких барбекю, ежедневных звонков или совместного просмотра спортивных матчей. Тем не менее я готов обменять такую близость на гармонию, а у нас ее достаточно. Мои друзья, у которых сложились чрезвычайно близкие, но неблагополучные отношения с родными, часто бывают измученными по непонятным причинам. Мы трое непритязательны, не склонны драматизировать и не зациклены на жизни друг друга. Это приносит нам неожиданную награду: мы не только любим друг друга, но и нравимся друг другу и хорошо ладим.

Последние два десятилетия мы один раз в несколько лет ездим в Кабо — это место очень любит отец. В последний раз встреча прошла тяжелее обычного. Моему папе уже восемьдесят восемь, недавно он сильно похудел. У него атрофировались мышцы ног, что бывает в таком возрасте, поэтому ему трудно ходить. Отец всегда был из тех парней, которые не стареют, и то, что сейчас он нуждается в помощи, выбивает из колеи. Среди самых ценных для него предметов — медали за первое место в своей возрастной группе (пятьдесят лет) в нескольких забегах на 10 километров. Особенно он гордится фотографией, где он стоит на пьедестале, празднуя победу с сигаретой в руках.

Мы с сестрой тренируемся по три и больше раз в неделю с восемнадцати лет. Наш папа-курильщик, побеждавший в забегах на 10 километров, приучил нас заниматься физкультурой еще в подростковом возрасте, и это стало привычкой на всю жизнь. Когда-нибудь всем нам понадобится помощь, для того чтобы вставать с постели, но благодаря отцу для нас с сестрой этот день наступит, скорее всего, на много лет позже, чем для большинства людей.

Самым ярким моментом в каждой такой поездке был вечерний коктейль втроем в прибрежном кафе. Разговор неизбежно переходил на бывших жен отца (их было три), бывших бойфрендов сестры (эти молодые люди озаряли все вокруг), а также на мои (многочисленные) неврозы. Ни одна из этих тем сама по себе не так уж интересна, но после нескольких «Маргарит» все становилось чертовски забавным.

Со старением организма, которое происходит у всех без исключения, наступает ухудшение когнитивного или физического здоровья. Мы проводим бо́льшую часть жизни без движения, поэтому пример нашего отца, до восьмидесяти восемь лет неподвластного дряхлению, бодрого и веселого даже тогда, когда ему стало трудно ходить, однозначно указывает на то, что неплохо, чтобы ноги отказывали раньше памяти.

ЗАБОТЬТЕСЬ О БЛИЗКИХ

Те, кто заботится о других, живут дольше, поэтому чем шире круг людей, которых вы любите, тем дольше вы проживете. Подобно многим мужчинам, я не так уж часто заботился о других. Я провожу много времени с детьми, но в основном с ними возится жена. Моя забота обычно выражается в том, что я смотрю с ними самые яркие моменты спортивных передач и соревнований, вожу в японский ресторан, где готовят блюда в традиционной печи хибати, и рассказываю Алексу о «Звездных войнах» (эта тема никогда не устаревает).

После болезни мамы поездка с отцом в Кабо, где я водил его по отелю, представляет собой самый яркий пример моей настоящей заботы о близких. То путешествие напомнило мне о том, как замечательно, что существует государственное регулирование, в частности Закон о защите прав граждан с ограниченными возможностями. Там мы на собственном опыте почувствовали его значение. Забота о других хоть и трудное дело, но оно приносит человеку глубокое удовлетворение. Нужно быть активным и организованным — это важнейшее условие здоровья мозга, — а также понимать свою цель: я обязан был следить за тем, чтобы отец не упал.

Я сказал ему, что пора начинать пользоваться услугой по предоставлению кресел-каталок, которая предусмотрена в аэропортах. Он спокойно, даже по-философски отнесся к моему предложению. Когда его провозили в кресле через зону досмотра службой безопасности, казалось, он испытывает облегчение от того, что теперь ему не нужно думать обо всей той ерунде, которую приходится терпеть по другую сторону металлодетектора: «Где же моя сумка? А туфли? Черт! Неужели в ручном багаже осталась электронная сигарета?» Перед нами был еще один пассажир на колесном транспортном средстве — двухлетняя девочка. Она относилась ко всему этому не так по-философски, как мой отец, — кричала во все горло.

В детстве всех возили в колясках, а в будущем, возможно, придется пересесть в инвалидное кресло. Мы усаживаем в них своих близких, чтобы они были с нами, когда мы уезжаем из дома. Мобильность — такая замечательная вещь, что мы все чаще ею пользуемся. Расстроенная малышка в аэропорту явно не знала, что передвижение на колесах — дело рук людей, которые о ней заботятся. Однако мой отец об этом знает.

ПОТЕРЯТЬСЯ В НАСТОЯЩЕМ

На нашей планете становится все больше долгожителей. Но как дожить до ста лет? Да очень просто! Нужно иметь хорошую наследственность, вести здоровый образ жизни и любить людей. Любовь творит чудеса, когда речь идет о жизни. Принято считать главным фактором долголетия наследственность, ведь так можно снять с себя ответственность за насилие над своим телом, поскольку его «судьба предрешена». А вот и нет!

Существует нечто неподвластное нашему контролю, что может привести к трагедии без видимых причин. Мое первое лето в Хэмптонсе прошло с двумя женщинами — у одной из них были близнецы. В сорок с небольшим лет с разницей в один год они умерли от рака. Вот так, с возрастом мы сталкиваемся со множеством неожиданностей, таких как преждевременная смерть. В итоге начинаем искать новые объяснения долгой жизни.

БУДУЩЕЕ И НАСТОЯЩЕЕ

Профессор Стэнфордского университета Уолтер Мишел изучал действие отложенного вознаграждения в ходе небольшого эксперимента. Он предлагал детям выбор: либо съесть один зефир сейчас, либо получить еще один после ожидания. Исследователи наблюдали за жизнью детей, принимавших участие в эксперименте, и пришли к выводу, что, став взрослыми, дисциплинированные дети, оставившие первую зефирину, добились большего успеха в жизни.

Система образования и культура прививают способность отсрочивать вознаграждение. Родители вряд ли говорят детям: «Я хочу, чтобы ты присутствовал в настоящем моменте!» Тем не менее, взрослея и сталкиваясь с разными неожиданностями, мы начинаем задаваться вопросом: «Ради чего так упорно трудиться сейчас, отказываясь от многих удовольствий в надежде построить лучшее будущее, если завтра все равно будешь все так же напрягаться? Когда же наконец я получу обещанное вознаграждение?»

Отчаянно пытаясь больше быть в настоящем моменте, я обнаружил, что это совсем не легко. Пожалуй, за исключением тех случаев, когда общаюсь с детьми, поскольку они требуют, чтобы все происходило сегодня же. (Обычно это касается того, что они хотят получить или в чем нуждаются немедленно.) Но это и к лучшему. Не так давно произошла задержка рейса в Лондон, которого я ждал, поэтому я стал звонить, читать электронную почту, заниматься работой, а затем я подумал: «Ну это все к черту!» — и отправился в магазин, где накупил вяленой ветчины (в чужой монастырь со своим уставом не ходят). Затем я пошел в бар, заказал пива, надел наушники, включил музыку и начал есть свою ветчину — я ее очень люблю.

Чувствуя себя превосходно «в настоящем моменте», я отправился на посадку, прошел через массивные стеклянные двери, но на другой стороне оказались не ворота, а багажный транспортер. Какого черта? Оказывается, я вышел из терминала и зоны досмотра. Вы не без причины чувствуете себя неуютно, проходя мимо служащего управления транспортной безопасности: он воплощает в себе точку невозврата, поскольку, если вы ее пересечете, назад вас не пустят — я могу это подтвердить. В одно мгновение я опоздал на самолет — и это вернуло меня в текущий момент.

Все мы ищем баланс, золотую середину. Откладываем вознаграждение, чтобы построить лучшее будущее для себя, своей семьи и других людей. Нельзя слишком часто опаздывать на самолеты, поскольку в пункте назначения вас ждут. Тем не менее порой все же стоит повернуться спиной к обстоятельствам, погрузиться в поглощение свинины и пропустить вылет.

НЕ БУДЬТЕ МЕРЗАВЦЕМ

В последнее время я часто задумываюсь об эмоциональном и психическом здоровье. Как вы думаете, что делает детей и собак столь очаровательными в кадре (даже актерам порой кажется, что дети и домашние животные их затмевают)? Они ведут себя естественно.

Вашим детям в голову не приходит, что улечься на вас сверху во время просмотра телепередачи неуместно и нежелательно. Такое искреннее проявление чувств приносит огромное удовлетворение, поскольку они настоящие — никаких целей, ожиданий, запретов. Только естественное желание ощутить ваше тепло и быть ближе к вам — человеку, которого они любят.

Мой старший сын подтверждает подлинность своих чувств через несколько минут, отклоняя мое предложение помыть вместе автомобиль. Нет, лучше он поиграет в компьютерную игру. Вчера наш семилетний сын сказал, что чувствует любовь, когда прикасается к своему венису (это он так его называет, не мы) и когда видит собак. Его брат, который с ним ни в чем не соглашается, кивнул, словно тот произнес всем известную истину.

Школа, дисциплина и родительское воспитание — все сводится главным образом к формированию запретов, чтобы дети не сбивались с пути, не попали в тюрьму, а стали нормальными членами общества и шли за своей путеводной звездой. В общении с родителями подростки становятся настоящими экспертами по отсеиванию всего, что говорят взрослые, и поиску несовершенства во всем, что они делают. Во всем без исключения. После вступления во взрослую жизнь у людей вырабатывается все больше ограничивающих установок в отношении выбора партнеров, учебы и работы.

С возрастом мы обретаем свободу и способность терпимо относиться к трещинам в этих «фильтрах», которые делают их проницаемыми, а ваши слова и поступки — более искренними. Мои установки, например, распространялись на сотрудников и обслуживающий персонал. Я всегда был чрезвычайно откровенным с людьми, если их работа не соответствовала моим ожиданиям, допустим, они не выполняли стандартные требования к занимаемой должности или мне приходилось платить за их проезд в такси. Искренняя конструктивная обратная связь имеет большое значение.

Впрочем, «обратную связь» с моей стороны вряд ли можно назвать подарком, который не перестает радовать. Я не забывал напомнить парню, который, скорее всего, содержит троих детей на 40 тысяч долларов в год, о том, что ему понадобилось сорок минут на уборку моего номера. Я считал, что если сам засиживаюсь на работе до полуночи, то мой подчиненный двадцати четырех лет должен делать то же самое. В первом случае я пытаюсь компенсировать такое отношение тем, что всегда даю щедрые чаевые, но так я просто возвращаю долг — я сам тяжело трудился на протяжении учебы в школе и колледже (официантом, парковщиком, уборщиком посуды в ресторанах), поэтому вижу себя в каждом работнике сферы обслуживания. Однако 25 процентов чаевых не повод для того, чтобы вести себя как придурок. Я пытаюсь это исправить.

С молодости я поддерживаю контакты, в основном рабочие, с чрезвычайно успешными людьми, со многими у меня сложились личные отношения. Так вот, я заметил, что мерзавцами, как правило, становятся люди, которые вплотную приблизились к успеху, но так и не достигли его. Тот, кто пытается заработать на жизнь, обычно ведет себя толерантно и ни на что не рассчитывает. Не знаю, в чем причина — в скромности, которая свойственна людям, не достигшим финансового благосостояния, страхе разозлить кого-нибудь, ценностях, — или это происходит неосознанно, поскольку многие из них работали в сфере обслуживания. Те, кто почти достиг успеха (я тоже отношусь к этой категории бо́льшую часть жизни), гораздо чаще бывают мерзавцами, поскольку их неуверенность в себе и возмущение тем, что они не совершили прыжок на самую вершину, часто перерастают в ожидания и поступки, отражающие тщетные попытки подчеркнуть, какие они важные птицы.

Чрезвычайно успешные люди обычно бывают милыми, великодушными и, как правило, воспитанными. Самовлюбленный миллиардер, каким их изображают в художественных фильмах, на самом деле несуществующий персонаж. Хотелось бы думать, что причиной их успеха стали великодушие и хорошие манеры. Однако воспитание, на мой взгляд, зависит и от других факторов. Во-первых, миллиардеры могут многое потерять. Вести себя с водителем Uber как кретин, будучи при этом CEO этой компании, может и должно стоить человеку миллиардов долларов (что и произошло на самом деле*)[1]. И во-вторых, чрезвычайно успешные люди способны подвести итог тому, что им подарила судьба, и вести себя достойно.

Старение дает некоторые преимущества, хотя при этом одни установки сохраняются («Действительно ли мне нужно критиковать этого человека?»), другие разрушаются, что помогает легко и естественно делать людям комплименты.

ХВАЛИТЕ ДРУГИХ ЛЮДЕЙ

Я твердо уверен в том, что Бога нет. Во всяком случае, в том виде, в каком его представляют Морган Фриман, снявшийся в фильме «Истории о Боге», и телеканалы Lifetime и Fox. И несмотря на это, я молюсь. Считается, что вероятность достижения целей, записанных на бумаге, значительно повышается, а чувство благодарности улучшает здоровье и увеличивает продолжительность жизни. По данным исследований в области психологии, существует корреляция между благодарностью и более высоким уровнем счастья. Это чувство помогает людям испытывать в целом положительные эмоции, получать удовольствие

---

* Речь идет о скандальном инциденте, о котором стало известно прессе. В пылу спора Трэвис Каланик накричал на водителя такси Uber, что заснял видеорегистратор. Позже водитель передал видео в СМИ. *Прим. ред.*

от происходящих в жизни событий, улучшать здоровье, преодолевать трудности и строить крепкие отношения[2].

Описать свои стремления и перечислить все, за что вы испытываете благодарность к жизни, — это своего рода молитва. Мне больше нравится делать это в присутствии людей: так я могу открыто рассказать о своих целях и выразить признательность или, что бывает еще чаще, восхищение кем-нибудь. Когда я был моложе, мне казалось, что делать комплименты — игра без выигрыша. Ведь признание чужих достижений отнимало все это у меня самого. Каким же я был мелочным!

Время, проведенное с детьми, а также физическая активность — превосходные антидепрессанты. Сейчас я все чаще включаю в этот список третий пункт — молитву в виде благодарности и восхищения. С моей стороны, это не проявление милости в духе «такой поступок помогает мне чувствовать себя важным, здоровым и уверенным в себе, раз уж я способен хвалить других». Но мне предстоит пройти еще долгий путь, поскольку от старых комплексов трудно избавиться.

Некоторые благие намерения не переходят в действия. В нашем распоряжении есть большой запас восхищения и добрых мыслей о людях, если им страшно или они чувствуют неуверенность в своих силах. Поэтому не открыть этот шлюз — значит сократить свою жизнь и лишить себя радости. На свете так мало абсолютных вещей, и вот одна из них: никто еще не говорил о покойном на похоронах, что тот был чрезмерно великодушным, слишком добрым и чересчур любящим. Никто и никогда не говорил ничего подобного.

ПОДДЕРЖКА ВАЖНЕЕ ДОЗЫ ДОФАМИНА

Если крыса, нажав на рычаг, получает угощение, то, проголодавшись, она непременно вернется, чтобы повторить действие. Однако если менять вознаграждение — например, после нескольких попыток не давать никакой сладкой закуски, а затем, после нажатия рычага, вдруг выдать сразу три, — зверек останется у рычага и будет безудержно жать на него. Случайность, непредсказуемость вознаграждения — основная причина зависимости.

Я пристрастился к Twitter, точнее, к многократному подтверждению собственной значимости, которое получаю на этой платформе. Однако в случае зависимости за все приходится платить. Упаковав поиски истины, которыми должны заниматься все ученые, в хорошо продающуюся обертку сенсации, я чувствую себя опустошенным и жалким. Ну зачем нужен Twitter 54-летнему профессору маркетинга?[3]

«ИГРОВОЙ АВТОМАТ»

На рычаг «игрового автомата» мы неосознанно нажимаем каждый день. Наш младший сын восьми лет от роду, как правило, вваливается в родительскую спальню во время последнего часа сна. Мало что на свете (пожалуй, только героин) может превратиться из прекрасного в ужасное всего за три минуты. Когда сынишка устраивается верхом на мне, я становлюсь целостным — и все обретает смысл. Я снова засыпаю, осознавая, насколько я важен в этом мире. Впрочем, несмотря на всю свою значительность, через три минуты я просыпаюсь от удушья. Мне нужно снять с груди этот 26-килограммовый мешок человеческого тела, иначе я умру, а сын, как я предполагаю и надеюсь, очень испугается, увидев мертвого отца. Не продать ли мне эту идею каналу Hallmark? Но я отклонился от темы.

Итак, сын проснулся. Его мама и папа сидят в предвкушении всплеска дофамина, который случается, когда органы чувств ребенка пробуждаются и начинают воспринимать информацию. Взлохмаченный, он оглядывается, ум его становится ясным и впитывает в себя новый мир, который может принести этот день. Он приходит к выводу, что день будет хорошим. **Вон сидит папа, он любит меня, а я люблю его так сильно, что снова упаду на него и пролежу еще пятнадцать секунд, излучая счастье.** Затем он вскакивает и сообщает, что пойдет наверх и найдет своего лучшего друга — братишку.

Или сынишка чувствует (с точки зрения выделения дофамина здесь не наблюдается закономерности), что сегодня произойдет что-то плохое. За три секунды подозрение превращается в уверенность. Точно предстоящий день угрожает всему хорошему, что есть в мире, а значит, свое главное оружие — ужасное поведение — следует держать наготове.

Это адово отродье начинает ныть или драться, время от времени задавая вопросы: «Мне обязательно идти на футбол?», «Можно мне поесть мишек гамми на завтрак?» Оставшаяся часть дня превращается в захват заложников, а я начинаю тосковать по временам Бинга Кросби, когда лупить детей было не только приемлемо, но и считалось правильным выполнением родительских обязанностей. А затем словно снег на голову... террорист в пижаме с Железным Человеком под мышкой садится рядом со мной и трет ладошкой по моей голове, хохоча над тем, какие ощущения это вызывает, и спрашивает: «А бабушка была похожа на тебя? Вы жили в большом доме?»

Помимо видеоигрового, у моих детей формируются другие дофаминовые циклы, и мне очень интересно наблюдать за их течением. В прошлые выходные младший сын зашел в нашу спальню и занял место между мамой и папой. Я заметил, что он держит в руках большой круглый предмет, и предположил, что это мягкая игрушка Злая Птичка. Взяв игрушку из рук сына, в темноте я разобрал на ней цифру «8». Это был шар предсказаний Magic 8, с которым он спал.

Тем же утром сынишка, который очень любит телепередачи канала Hallmark, пришел к нам, решив, что мы должны задать всезнающему шару важные вопросы:

— **Вырастут ли снова у папы волосы?** Ответ: «Перспективы не очень хороши». Трудно передать словами, насколько забавным это показалось моему восьмилетнему сыну.
— **Купит ли мне мама FIFA 18?** Ответ: «Лучше не рассказывать».

Три дня сын повсюду носился с шаром предсказаний, пристрастившись к случайным вознаграждениям и обратной связи. В сочетании с предрасположенностью к заботе о потомстве непредсказуемость, мгновенная обратная связь и разнообразие вознаграждений — все это делает детей своего рода наркотиком для родителей. Бо́льшую часть недели я провожу в Нью-Йорке, вдали от них, и к четвергу чувствую себя взвинченным и подавленным. Мне нужна «доза».

Пища, секс и дети. Люди запрограммированы быть зависимыми от того, что имеет важнейшее значение для выживания вида. Я верю: в свое время мои мальчики поймут, что отец с матерью обеспечивали им не наркотическую дозу дофамина, а поддержку. Мы всегда рядом, как и должно быть. Дети воспринимают нас как некую данность, а мы настроены любить их без всяких условий, и в этой любви меньше отклонений, чем в других отношениях. Запомнят ли сыновья, что, хотя нас и нельзя назвать безупречными, мы всегда были рядом?

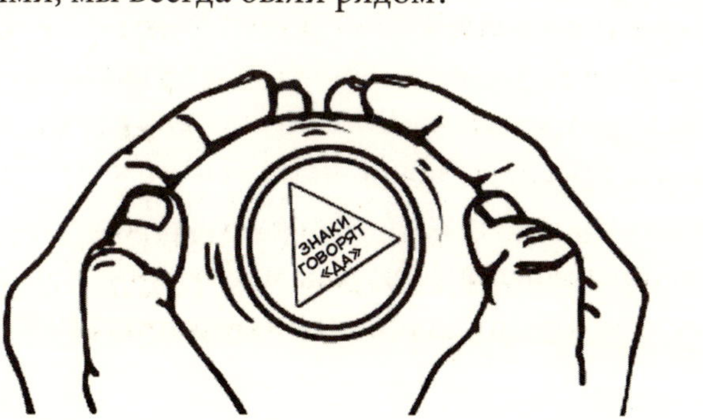

ЭПИЛОГ

Как бы то ни было, отношения — это единственное, что имеет значение.

Со своей лучшей подругой Карсен Эванс моя мама познакомилась в секретариате компании ITT в округе Ориндж. Эта девушка была веселой, общительной и поразительно похожей на актрису Энн-Маргрет. Она вышла замуж за успешного предпринимателя Чарли — владельца типографского бизнеса. Карсен и Чарли были близкими друзьями моей мамы. После развода с отцом она сохранила отношения с ними.

В обществе этих людей я, будучи девятилетним мальчиком, впервые обратил внимание на некоторые моменты. Во-первых, Карсен была первой женщиной, которую я считал симпатичной. Во-вторых, я заметил, что у них есть более красивые вещи, чем у нас — например, большой дом с видом на Долину, немецкие автомобили, шубы и необыкновенные ружья из Италии. Карсен носила пояс с золотыми кольцами, соединявшими двадцать четыре десятидолларовые золотые монеты «Голова индейца». В этой паре было что-то такое, с чем я еще никогда не сталкивался: они были богачами. В-третьих, у них не было детей, и они устраивали веселые вечеринки, на которых модные гости напивались. Они танцевали под живой аккомпанемент музыкальной группы, с ее солистом Чарли был знаком лично. Словом, они были крутыми!

Когда я учился в средней школе, Чарли брал меня на обед в свою компанию, где я получил представление о том, что такое работа и что значит делать деньги. После этого работа была связана для меня с золотыми монетами и модными людьми, слушающими живую музыку в доме с видом на долину Сан-Фернандо.

Чарли опередил свое время. Он заметил приближение перемен и сделал смелую ставку на технологию — компьютеры, которые должны были заменить печатные машинки. Впрочем, технология оказалась непрактичной и потребовала от Чарли изменения всей текущей деятельности его компании, что повлекло за собой огромные траты. За два года его тридцатилетняя компания обанкротилась, а Чарли и Карсен потерпели финансовый крах. Как и в случае многих других браков, материальные трудности положили конец их отношениям, и Карсен сказала Чарли, что уходит от него.

Вскоре Чарли положили в больницу с заболеванием, которое тогда называли нервным расстройством. Термин «депрессия» еще не вошел в американский словарь. Вернувшись домой после выписки, Чарли попросил Карсен сходить в магазин за мороженым. Как только она ушла, он отправился в гараж, зарядил антикварное ружье и, прижав ствол к лицу, нажал на спусковой крючок. На похоронах было четыреста человек — Чарли все любили. Помню, многие люди плакали, а три взрослых сына Чарли от первого брака рыдали. Карсен в высоких кожаных сапогах приветствовала всех.

Вскоре после смерти мужа, перенеся четыре неудачные операции на спине, Карсен пристрастилась к опиоидам. Они с мамой остались близкими подругами. Когда мама заболела, Карсен однажды неожиданно появилась на пороге ее дома и заявила, что будет ухаживать за ней. Она приехала из Сан-Диего в Лас-Вегас. Я выгрузил содержимое ее ярко-желтого «корвета»: две поддельные сумки Vuitton, мальтийскую болонку и семь литровых бутылок виски Johnnie Walker Red Label.

Когда мама совсем ослабла, Карсен помогала ей делать то, чего не мог я, — принимать душ, переодеваться. Каждый вечер она готовила для нас «горячие кармашки». Помимо этого, Карсен соблазняла мужчин тридцати с небольшим лет из обслуживающего персонала (мама жила на поле для гольфа) и каждые три-четыре дня выпивала бутылку скотча. Выполнив подсчеты, я понял, что она дала маме месяц, поскольку именно через месяц закончился запас виски.

После смерти мамы Карсен спросила, буду ли я ее навещать. Примерно полгода я звонил ей раз в месяц, а затем перестал. Я с головой ушел в собственные проблемы и забыл о женщине, которая мыла мою умирающую мать. Каким я был эгоистом!

Два года спустя мне позвонили сообщить, что Карсен умерла. Она не смогла поехать за обезболивающими, что спровоцировало синдром отмены наркотиков; ее сердце не выдержало. Адвокат, распоряжавшийся ее имуществом (если это можно так назвать), сообщил мне, что я единственный ее наследник. Конечно, я этого не заслуживал. Подобно фантомной боли, это была любовь к моей маме, проявившаяся в чем-то другом.

В общем, я унаследовал пояс с золотыми монетами и решил сохранить его на случай, если дела пойдут совсем плохо. Если бы вдруг наступил конец света, я мог бы отправиться автостопом в Айдахо и обменять золото на оружие, масло и несколько дней в подземном бункере. Кто знает, что может произойти?!

Я спрятал наследство, хотя это была плохая идея, поскольку треть вещей, которые я никуда не прячу, все равно теряется. Несколько лет я даже не вспоминал об этом поясе. Но однажды мой близкий друг Адам спросил, знал ли я, что в кухонном шкафу, который я ему подарил, валялась дешевая бижутерия, невзрачный пояс. Я ответил, что это не бижутерия и что пояс стоит, наверное, десятки тысяч долларов. Адам рассказал, что его тринадцатилетний сын носил его в седьмом классе как бусы: это делало его похожим на рэпера. Он вернул мне вещицу.

Из всех знакомых нашей семьи Карсен и Чарли Эванс были самыми поразительными людьми. Они побывали на вершине мира, но умерли в одиночестве. Карсен стала наркоманкой, а ее единственным близким человеком была моя мама. Болезнь Чарли не позволяла ему чувствовать любовь своей семьи. Я тоже пристрастился к подтверждению собственной значимости и экономическому благополучию, которые приходят с профессиональным успехом. Глядя на пояс Карсен, я чувствую, что мне необходимо строить отношения на случай, если у меня останется только эта вещица, а также не забывать, что в конечном счете значение имеют только отношения с людьми.

ПРИМЕЧАНИЯ

ВВЕДЕНИЕ

1. Ingraham, Christopher. "Under 50? You Still Haven't Hit Rock Bottom, Happiness-wise." Wonkblog (blog), Washington Post, August 24, 2017.https://www.washingtonpost.com/news/wonk/wp/2017/08/24/under-50-you-still-havent-hit-rock-bottom-happiness-wise/.
2. По части клинической депрессии у меня нет специальных знаний.
3. Cohen, Jennifer. "Exercise Is One Thing Most Successful People Do Everyday." Entrepreneur, June 6, 2016. https://www.entrepreneur.com/article/276760.
4. Rampell, Catherine. "Money Fights Predict Divorce Rates." Economix (blog), New York Times, December 7, 2009. https://economix.blogs.nytimes.com/2009/12/07/money-fghts-predict-divorce-rates.
5. Carnevale, Anthony P., Tamara Jayasundera, and Artem Gulish. America's Divided Recovery: College Haves and HaveNots. Georgetown University Center on Education and the Workforce, 2016. https://cew.georgetown.edu/cew-reports/americas-divided-recovery.
6. Khanna, Parag. "How Much Economic Growth Comes from Our Cities?" World Economic Forum, April 13, 2016. https://www.weforum.org/agenda/2016/04/how-much-economic-growth-comes-from-our-cities.

7. Martin, Emmie. “Here’s How Much Money You Need to Be Happy, According to a New Analysis by Wealth Experts.” CNBC Make It, November 20, 2017. https://www.cnbc.com/2017/11/20/how-much-money-you-need-to-be-happy-according-to-wealth-experts.html.
8. Csikszentmihalyi, Mihaly. 2004. “Flow, the Secret to Happiness.” Снято в феврале 2004 года в Монтерее, штат Калифорния. TED video, 18:55; https://www.ted.com/talks/mihaly_csikszentmihalyi_flow_the_secret_to_happiness.
9. Hafner, Peter. “The Top 3 Benefits of Investing in the Markets Early.” Active/Passive, CNBC, September 12, 2017. https://www.cnbc.com/2017/09/12/the-top-3-benefts-of-investing-in-the-markets-early.html.
10. Приложение 1 Second Everyday: https://1se.co.
11. Schülke, Oliver, Jyotsna Bhagavatula, Linda Vigilant, and Julia Ostner. “Social Bonds Enhance Reproductive Success in Male Macaques.” Current Biology 20 (December 21, 2010): 2207–10. https://bit.ly/2vvjq95.
12. Mineo, Liz. “Good Genes Are Nice, but Joy Is Better.” Harvard Gazette, April 2017. https://news.harvard.edu/gazette/story/2017/04/over-nearly-80-years-harvard-study-has-been-showing-how-to-live-a-healthy-and-happy-life.
13. Norton, Amy. “People Overestimate the Happiness New Purchases Will Bring.” HealthDay.com, January 25, 2013. https://consumer.healthday.com/mental-health-information-25/behavior-health-news-56/people-overestimate-the-happiness-new-purchases-will-bring-672626.html.
14. Mosher, Dave. “Holding a Baby Can Make You Feel Bodaciously High — and It’s a Scientific Mystery.” Business Insider, November 15, 2016, https://www.businessinsider.com/baby-bonding-oxytocin-opioids-euphoria-2016-10.
15. Firestone, Lisa. “Forgiveness: The Secret to a Healthy Relationship.” Huffington Post, October 15, 2015. https://www.huffpost.com/entry/forgiveness-the-secret-to-a-healthy-relationship_b_8282616.

УСПЕХ

1. Vo, Lam Tuy. "How Much Does It Cost to Raise a Child?" Wall Street Journal, June 22, 2016. http://blogs.wsj.com/economics/2016/06/22/how-much-does-it-cost-to-raise-a-child.
2. Fishbein, Rebecca. "It Could Cost You $500K to Raise a Child in NYC." Gothamist, August 19, 2014. http://gothamist.com/2014/08/19/condoms_4life.php.
3. Anderson, Jenny and Rachel Ohm. "Bracing for $40,000 at New York City Private Schools," New York Times, January 29, 2012, http://www.nytimes.com/2012/01/29/nyregion/scraping-the-40000-ceiling-at-new-york-city-private-schools.html.
4. Pollan, Michael. How to Change Your Mind: What the New Science of Psychedelics Teaches Us About Consciousness, Dying, Addiction, Depression, and Transcendence. New York: Random House, 2018.
5. "Get Your Sh** Together: NYU Professor's Response to Student Who Complained After He Was Dismissed from Class for Being an Hour Late Takes Web by Storm." Daily Mail, April 14, 2013. https://www.dailymail.co.uk/news/article-2308827/Get-sh-t-NYU-professors-response-student-complained-dismissed-class-hour-late.html.
6. "#67 John Malone." Forbes, January 15, 2019. https://www.forbes.com/profile/john-malone/#349608415053.
7. Richards, Carl. "Learning to Deal with the Impostor Syndrome." Your Money (blog), New York Times, October 26, 2015. https://www.nytimes.com/2015/10/26/your-money/learning-to-deal-with-the-impostor-syndrome.html.
8. Page, Danielle. "How Impostor Syndrome Is Holding You Back at Work." Better (blog), NBC News, October 26, 2017. https://www.nbcnews.com/better/health/how-impostor-syndrome-holding-you-back-work-ncna814231.
9. Vozza, Stephanie. "It's Not Just You: These Super Successful People Suffer from Imposter Syndrome." Fast Company, August 9, 2017. https://www.fastcompany.com/40447089/

its-not-just-you-these-super-successful-people-suffer-from-imposter-syndrome.

10. Galloway, Scott. "Enter Uber." Daily Insights, Gartner L2, June 16, 2017. https://www.l2inc.com/daily-insights/no-mercy-no-malice/enter-uber.
11. Sundby, Alex. "Bank Execs Offer Head-Scratching Answers." CBS News, January 14, 2010. http://www.cbsnews.com/news/bank-execs-offer-head-scratching-answers.
12. Kleintop, Jeffrey. "Where's the Next Bubble?" Market Commentary (blog), Charles Schwab, July 10, 2017. https://www.schwab.com/resource-center/insights/content/where-s-the-next-bubble.
13. "5 Steps of a Bubble." Insights (blog), Investopedia, June 2, 2010. http://www.investopedia.com/articles/stocks/10/5-steps-of-a-bubble.asp.
14. "Brad McMillan: Similarities Between 2017 and 1999," June 30, 2017, in Your Money Briefing. Podcast, MP3 audio, 5:55. http://www.wsj.com/podcasts/brad-mcmillan-similarities-between-2017-and-1999/0EB5C970-1D74-4D6C-A7C8-1C8D-7D08EC8B.html.
15. "25 Best Paying Cities for Software Engineers," Glassdoor. https://www.glassdoor.com/blog/25-best-paying-cities-software-engineers.
16. Galloway, Scott. The Four. New York: Portfolio, 2017. https://www.penguinrandomhouse.com/books/547991/the-four-by-scott-galloway.
17. Gustin, Sam. "Google Buys Giant New York Building for $1.9 Billion." Wired, December 22, 2010, https://www.wired.com/2010/12/google-nyc.
18. "An Insight, an Idea with Sergey Brin." Filmed January 19, 2017, in Davos Klosters, Switzerland. World Economic Forum Annual Meeting video, 34:07. https://www.weforum.org/events/world-economic-forum-annual-meeting-2017.
19. Galloway, Scott. "Silicon Valley's Tax-Avoiding, Job-Killing, Soul-Sucking Machine." Esquire, February 8, 2018.

ЛЮБОВЬ

1. Hollman, Laurie, PhD. "When Should Children Sleep in Their Own Beds?" Life (blog), HuffPost, November 3, 2017. https://www.huffpost.com/entry/when-should-children-slee_b_12662942.
2. "SIDS and Other Sleep-Related Infant Deaths: Expansion of Recommendations for a Safe Infant Sleeping Environment." Pediatrics 128, no. 5 (November 2011). http://pediatrics.aappublications.org/content/128/5/1030?sid=ffa523b4-9b5d-492c-a3d1-80de22504e1d.
3. Murray Buechner, Maryanne. "How to Parent Like the Japanese Do." Time, July 17, 2015. http://time.com/3959168/how-to-parent-like-the-japanese-do.
4. Greene, Mark. "Touch Isolation: How Homophobia Has Robbed All Men of Touch." Medium, August 7, 2017. https://medium.com/@remakingmanhood/touch-isolation-how-homophobia-has-robbed-all-men-of-touch-239987952f16.
5. Keltner, Dacher. "Hands On Research: The Science of Touch." Greater Good, September 29, 2010. https://greatergood.berkeley.edu/article/item/hands_on_research.
6. Galloway, Scott. "L2 Predictions Instagram Will Be the Most Powerful Social Platform in the World." November 26, 2014. L2inc video, 1:24. https://www.youtube.com/watch?v=9bF9P-F0Yvjs&feature=youtu.be&t=43.
7. Heshmat, Shahram, PhD. "Why Do We Remember Certain Things, But Forget Others?: How the Experience of Emotion Enhances Our Memories." Psychology Today, October 2015. https://www.psychologytoday.com/blog/science-choice/201510/why-do-we-remember-certain-things-forget-others.
8. Whiting, David. "O.C. Divorce Rate One of Highest in Nation." Orange County Register, June 25, 2012. http://www.ocregister.com/2012/06/25/oc-divorce-rate-one-of-highest-in-nation.
9. Galloway, Scott. "Cash & Denting the Universe." Daily Insights, Gartner L2, May 5, 2017. https://www.l2inc.com/daily-insights/no-mercy-no-malice/cash-denting-the-universe.

10. Kahneman, Daniel. Thinking, Fast and Slow. New York: Farrar, Straus and Giroux, 2011. Канеман Д.. Думай медленно… решай быстро. М. : АСТ, 2014.
11. Editorial. "6,686: A Civic Disgrace." San Francisco Chronicle, July 3, 2016. http://projects.sfchronicle.com/sf-homeless/civic-disgrace.
12. https://qz.com/563375/all-the-philanthropic-causes-near-and-dear-to-the-hearts-of-mark-zuckerberg-and-priscilla-chan.
13. Hudack, Mike. "San Francisco: Now with More Dystopia." Mike Hudack (blog). October 1, 2017. https://mike-hudack-bgzk.squarespace.com/blog/2017/10/1/san-francisco-now-with-more-dystopia.
14. Galloway, Scott. "Prof Galloway's Career Advice." August 31, 2017. L2inc video, 3:54. https://www.youtube.com/watch?v=1T22QxTkPoM&t=5s.
15. "Your Airplane Seat Is Going to Keep Shrinking." Fortune, September 12, 2015. http://fortune.com/2015/09/12/airline-seats-shrink.
16. Petersen, Gene. "Why You Might Not Actually Need Premium Gas." Consumer Reports, May 7, 2018. https://www.consumerreports.org/fuel-economy-efficiency/why-you-might-not-actually-need-premium-gas.
17. Close, Kerry. "The 1% Pocketed 85% of Post-Recession Income Growth." Time, June 16, 2016. http://time.com/money/4371332/income-inequality-recession.

ЗДОРОВЬЕ

1. Newcomer, Eric. "In Video, Uber CEO Argues with Driver Over Falling Fares." Bloomberg, February 28, 2017. https://www.bloomberg.com/news/articles/2017-02-28/in-video-uber-ceo-argues-with-driver-over-falling-fares.
2. Harvard Health Publishing. "Giving Tanks Can Make You Happier," Healthbeat. https://www.health.harvard.edu/healthbeat/giving-thanks-can-make-you-happier.
3. Galloway, Scott (@profgalloway). https://twitter.com/profgalloway.

ОТ АВТОРА

Мне было очень приятно снова собрать команду для работы над этой книгой. Мой агент Джим Ливайн в основном держит меня в строю, и для меня он неизменно источник поддержки и вдохновения. Мой редактор Ники Пападопулос, наверное, будет ветеринаром в следующей жизни, поскольку ей свойственна сила и в то же время мягкость. В этой жизни она не позволяла мне сбиться с пути в работе.

Моя коллега Кэтрин Диллон — это моя профессиональная опора; Кайл Скаллон вечерами и по выходным помогал мне претворить все мои идеи в жизнь. Мария Петрова использует свое знание четвертого языка, для того чтобы сделать мой первый и единственный язык более доступным для понимания.

Беата, благодарю тебя за то, что ты каждый день наполняешь наш дом счастьем и радостью. Я люблю тебя!

ОБ АВТОРЕ

Скотт Гэллоуэй — профессор Школы бизнеса Стерна при Нью-Йоркском университете. Его книга «Большая четверка. Секреты успеха Amazon, Apple, Facebook и Google» стала бестселлером по версии New York Times. Будучи серийным предпринимателем, он основал девять компаний, в том числе L2, Red Envelope и Prophet. В 2012 году сайт Poets & Quants включил Скотта Гэллоуэя в список пятидесяти лучших в мире профессоров школ бизнеса. Его еженедельные выпуски на YouTube под названием Winners & Losers («Победители и побежденные») были просмотрены десятки миллионов раз. Вместе с Карой Суишер из Recode Скотт Гэллоуэй ведет подкаст Pivot. Он также автор рассылки No Mercy / No Malice («Ни пощады, ни злобы»).

Где купить наши книги

Специальное предложение для компаний

Если вы хотите купить сразу более 20 книг, например для своих сотрудников или в подарок партнерам, мы готовы обсудить с вами специальные условия работы. Для этого обращайтесь к нашему менеджеру по корпоративным продажам: +7 (495) 792-43-72, b2b@mann-ivanov-ferber.ru

Книготорговым организациям

Если вы оптовый покупатель, обратитесь, пожалуйста, к нашему партнеру — торговому дому «Эксмо», который осуществляет поставки во все книготорговые организации.
142701, Московская обл., г. Видное, Белокаменное ш., д. 1;
+7 (495) 411-50-74; reception@eksmo-sale.ru

Адрес издательства «Эксмо»
125252, Москва, ул. Зорге, д. 1;
+7 (495) 411-68-86; info@eksmo.ru /
www.eksmo.ru

Санкт-Петербург
СЗКО Санкт-Петербург, 192029,
г. Санкт-Петербург, пр-т Обуховской Обороны, д. 84е;
+7 (812) 365-46-03 / 04; server@szko.ru

Нижний Новгород
Филиал «Эксмо» в Нижнем Новгороде,
603094, г. Нижний Новгород,
ул. Карпинского, д. 29; +7 (831) 216-15-91,
216-15-92, 216-15-93, 216-15-94;
reception@eksmonn.ru

Ростов-на-Дону
Филиал «Эксмо» в Ростове-на-Дону,
344023, г. Ростов-на-Дону, ул. Страны Советов, 44а; +7 (863) 303-62-10;
info@rnd.eksmo.ru

Самара
Филиал «Эксмо» в Самаре, 443052,
г. Самара, пр-т Кирова, д. 75/1, лит. «Е»;
+7 (846) 269-66-70 (71…73);
RDC-samara@mail.ru

Екатеринбург
Филиал «Эксмо» в Екатеринбурге,
620024, г. Екатеринбург,
ул. Новинская, д. 2щ;
+7 (343) 272-72-01 (02...08)

Новосибирск
Филиал «Эксмо» в Новосибирске,
630015, г. Новосибирск, Комбинатский пер., д. 3; +7 (383) 289-91-42;
eksmo-nsk@yandex.ru

Хабаровск
Филиал «Эксмо» Новосибирск
в Хабаровске, 680000, г. Хабаровск,
пер. Дзержинского, д. 24, лит. «Б», оф. 1;
+7 (4212) 910-120; eksmo-khv@mail.ru

Казахстан
«РДЦ Алматы», 050039, г. Алматы,
ул. Домбровского, д. 3а;
+7 (727) 251-59-89 (90, 91, 92);
RDC-almaty@eksmo.kz

Украина
«Эксмо-Украина», Киев, ООО «Форс Украина», 04073, г. Киев, Московский пр-т,
д. 9; +38 (044) 290-99-44;
sales@forsukraine.com

Если у вас есть замечания и комментарии к содержанию, переводу, редактуре и корректуре, то просим написать на be_better@m-i-f.ru, так мы быстрее сможем исправить недочеты.

Научно-популярное издание

Гэллоуэй Скотт

Алгебра счастья

Заметки об успехе, любви и смысле жизни

Руководитель редакции *Артем Степанов*
Шеф-редактор *Ренат Шагабутдинов*
Ответственный редактор *Наталья Шульпина*
Литературный редактор *Юлия Жандарова*
Арт-директор *Алексей Богомолов*
Дизайнер *Наталия Савиных*
Верстка *Олег Бачурин*
Корректоры *Елена Попова, Вита Галич*

Подписано в печать 6.05.2020
Формат 60×90/16. Гарнитура Minion.
Бумага офсетная. Печать офсетная.
Усл. печ. л. 13. Тираж 2500. Заказ 3864.

Изготовитель: ООО «Манн, Иванов и Фербер»
123104, Россия, г. Москва, Б. Козихинский пер., д. 7, стр. 2, оф. 24
mann-ivanov-ferber.ru
facebook.com/mifbooks
instagram.com/mifbooks
vk.com/mifbooks

Отпечатано в АО «Первая Образцовая типография»,
филиал «УЛЬЯНОВСКИЙ ДОМ ПЕЧАТИ»
432980, Россия, г. Ульяновск, ул. Гончарова, д. 14
uldp.ru

16+